走开,拖延症

年轻人都在用的自控力训练法

王思渔 著

GO AWAY
PROCRASTINATION

中国出版集团
中译出版社

图书在版编目（CIP）数据

走开，拖延症：年轻人都在用的自控力训练法 / 王思渔著 . -- 北京：中译出版社，2022.4
ISBN 978-7-5001-7042-6

Ⅰ.①走… Ⅱ.①王… Ⅲ.①成功心理—青年读物
Ⅳ.① B848.4-49

中国版本图书馆 CIP 数据核字（2022）第 046243 号

走开，拖延症：年轻人都在用的自控力训练法
ZOUKAI，TUOYANZHENG: NIANQINGREN DOU ZAI YONG DE ZIKONGLI XUNLIANFA

出版发行 / 中译出版社
地　　址 / 北京市西城区新街口外大街 28 号普天德胜大厦主楼 4 层
电　　话 /（010）68359376　68359303　68359101
邮　　编 / 100044
传　　真 /（010）68357870
电子邮箱 / book@ctph.com.cn
责任编辑 / 顾客强　王滢
封面设计 / 末末美书
印　　刷 / 北京中科印刷有限公司
经　　销 / 新华书店
规　　格 / 880mm×1230mm　1/32
印　　张 / 9.5
字　　数 / 180 千字
版　　次 / 2022 年 4 月第 1 版
印　　次 / 2022 年 4 月第 1 次

ISBN 978-7-5001-7042-6　　定价：58.00 元

版权所有　侵权必究
中　译　出　版　社

前　言

　　明明决定晚上9点入睡，你却忍不住刷刷视频，看看文章，跟群里的朋友闲聊几句。结果，早睡的计划又泡汤了，一天如此，天天如此。

　　明明有一大堆重要的工作要做，但一天下来，你却发现自己只是做了一些不重要的琐碎的工作。领导交办的重要工作还没有开始做，你只能留下来加班到很晚。

　　明明说好了，加班的时候全力以赴，加完班马上回家，但你竟然不知道该选择哪一个在线办公软件。经过几轮仔细的比较，你发现时间已经过去了两个小时，可是工作只做了一点点。

　　已经太晚了，你不得不明天再做！

　　但你的明天，只不过是重复着今天的模式。

　　有各种各样的原因和借口，让你做事的效率低下。

日复一日,年复一年。

你知道吗,如果你有以上这些表现,你其实是拖延症患者。

拖延症虽然总是表现在各种小事上,但日积月累就会影响到个人的前途和发展。拖延现象现已成为管理学家和心理学家研究的一个重要课题。

在《圣经》从拉丁文翻译为英文的过程中,"拖延"更多地被译为"罪过(sin)",直到工业革命后,"拖延"才逐渐具有了现在的含义,即"以推迟的方式逃避执行任务或做决定的一种特质或行为倾向,是一种自我阻碍和功能紊乱行为"。

跟拖延绑定在一起的词是:懒、逃、穷、忙、失败、退缩等一系列负面词汇。

但无数人却对拖延这件事无动于衷。

这无数人里也包括我。其实很多年前,我也是拖延症的受害者。

看似忙碌,但效率低下。

看似努力,其实只不过是耗时间而已。

庆幸的是,我遇到了心理学,早早地进入了心理学这个行

前言

业。作为一名心理咨询师,我也有我自己的心理咨询老师来定期为我做心理咨询,同时我还有一位案例督导老师。

通过接受心理咨询 + 案例督导,我个人的行动力在这个过程中逐步提升,这也支撑着我做出了一些成绩。比如,我十年间写了十多部书,研发了十多套课程,还接待了许多位找我做深度咨询的来访者,每周还会有各种直播、讲课,等等。

可即便这样,我还是常常觉得自己没有充分利用好时间,没有更加高效快速地做事。所以,我也和大家一样,正在成长的路上,让我们一起努力。

在写作这本书的过程中,我力求通过案例 + 方法的形式,陪伴大家一起战胜拖延。

就像做心理咨询一样,我以一种陪伴者的身份,用专业的语言和你对话。本书看似娓娓道来,漫不经心,实际上只要你能静下心来,读完它,感受它,并且一点点去实践,你就会发现,你正在悄然发生改变。

王思渔
2022 年 1 月 10 日

CONTENTS

目 录

第一章 很多事，可能都是你的借口

第 1 堂课	你总是加班吗？努力只是一种表象	002
第 2 堂课	你无比忙碌，但可能只是在拖延	007
第 3 堂课	永远把工作放在"最后期限"	011
第 4 堂课	害怕失败的人是拖延症的最爱	015
第 5 堂课	任何事都可能成为拖延的借口	019
拖延症测试		023

第二章　拖延毁掉了你的所有

第 6 堂课	拖延会埋没一个人的潜能	028
第 7 堂课	拖延会浪费你的生命	032
第 8 堂课	拖延是意志力的"攻城锤"	036
第 9 堂课	拖延会让你没朋友、恐惧社交	043
第 10 堂课	拖延正一步步毁了你的健康	047
第 11 堂课	拖延是病，但很多人不治	049
测测你的意志力		055

第三章　拖延到底是怎么来的

第 12 堂课	从拖拉到拖延的发展	062
第 13 堂课	自信力匮乏的人，往往会拖延	066
第 14 堂课	你经常因为拖延而说谎吗	071
第 15 堂课	早期教育对拖延的深刻影响	075
潜意识测试		081

第四章 关于拖延的专业公式 U=EV/ID

第 16 堂课　增加工作愉悦感，有效减少拖延　|　086

第 17 堂课　降低你的分心度，减少拖延　|　093

第 18 堂课　高效卓越的专注力训练　|　102

第 19 堂课　提升你做事的成就动机　|　107

| 测测你的成就动机水平　|　111

第五章 告别拖延，具体怎么做

第 20 堂课　快来试试番茄工作计时器　|　116

第 21 堂课　别被打断，保护你的完整工作时间　|　122

第 22 堂课　将工作"化零为整"或"化整为零"　|　126

第 23 堂课　番茄计时器的原理　|　130

第 24 堂课　把那些抽象的时间变成具体的　|　134

第 25 堂课　减少你的工作时间，也能减少拖延　|　137

第 26 堂课　驾驭时间，而不是被时间驾驭　|　141

| 测测你的时间管理能力　|　146

第六章　征服拖延，打造你的超强行动力

第27堂课	不要等机会，要创造机会	152
第28堂课	做"懒鬼"不进则退	156
第29堂课	别再囤积	161
第30堂课	给你的工作排序	165
第31堂课	找方法，当"问题终结者"	170
第32堂课	0.1 > 0，差结果总比没结果强	174
第33堂课	主动记录你的工作进程并且报告	178
第34堂课	打造你的自控力，拒绝诱惑	181
第35堂课	就算跳槽，也要努力到最后一天	188
测测你的自控力		193

第七章　给超重的大脑"减肥"

第36堂课	如何告别"周一综合征"	198
第37堂课	赶紧给超重的大脑"减肥"	203
第38堂课	做事前，做周密、务实的计划	210

第 39 堂课	执行—回顾—评估—调整—执行		215
第 40 堂课	控制你的痛苦和快乐		219
第 41 堂课	别再犹豫，请勇敢做决定		224
第 42 堂课	和拖延症患者在一起并不可怕		229
第 43 堂课	和优秀的人在一起，学习并成长		234

| 职业倦怠症，你有吗？ | 239 |

第八章　减少内耗，拆除思维里的墙

第 44 堂课	一定要有战胜拖延的信念		244
第 45 堂课	在八小时之外"天马行空"		247
第 46 堂课	摆脱你的惯性思维		252
第 47 堂课	克服自卑的三大法则		258
第 48 堂课	过分内疚会使你的精力内耗		263
第 49 堂课	打破内向人的思维模式		269
第 50 堂课	要有危机意识		275

| 测测你的自卑感 | 280 |

第 一 章

很多事，可能都是你的借口

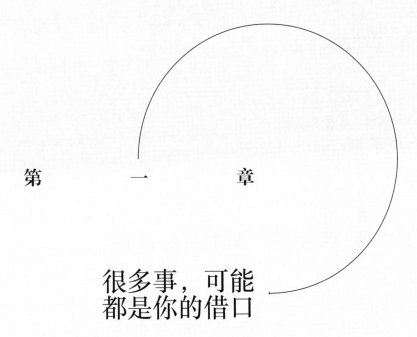

哈佛大学教授哈里克曾说："世上有93%的人都因拖延的恶习而最终一事无成，这是因为拖延能够杀伤人的积极性。"

很多人喜欢拖延，不是做不好手头的事情，而是不去做，这是最大的恶习。要想抓住今天，就不要等待明天。

第 1 堂课
你总是加班吗？努力只是一种表象

我知道有很多人，他们看起来特别努力，每天工作到晚上10点多，甚至到凌晨。很多人都会觉得：哇，这才是努力的好青年。对不起，你错了。

加班到很晚的，并不一定有多努力。其实，有好几年，我自己也是经常加班到凌晨两点才推开家门。但过了那几年之后，我静下来仔细思考，发现加班太晚，有可能是拖延的一种表现。

1. 上班拖延，下班补齐

几乎所有职场拖延者的通病是，上班时拖拖拉拉，到了下班前一个小时左右，才开始心急如焚地赶工。下班时间到了，拖延者发现明天就要交工的任务只完成了一小部分，于是只得留在公司里加班。

但是绝大多数拖延者会把加班的不爽归结到老板头上。如果不是他要求明天交工，完全可以拖到明天再做。于是，你一边加班一边生气，时针就从晚上 7 点悄悄地滑向了晚上 11 点。你终于完成了工作，回到家时已经筋疲力尽。你所谓的加班，只是弥补上班 8 小时的懈怠而已。

正因为经常性地不按计划完成工作，所以你不得不经常加班。也许同事会觉得你是个拼命三郎，但一切都逃不过上司的眼睛。不管你怎么加班，工作业绩并没有与你在公司逗留的时间成正比。

2. 拖着，只因大家都没走

上班 8 小时内你已经把工作做完，但下班后仍然留下来加班，只因为大家都没走。你想和别人保持一致，不想给领导留下不好的印象。于是你开始刷视频、打游戏，你在以加班的名义做着无聊的事。

久而久之，你会发现如果下班后马上离开公司，会有种怅然若失、六神无主的感觉。因为你已经习惯了拖延。你拖延了回家的时间，拖延了休息的时间，拖延了学习的时间。别以为下班的时间不是时间，你完全可以用它做很多重要的事情。

我有一个朋友，她和几个要好的同事已经让加班习惯成自然。

因为在之前的一年中，他们整个部门的人都在为了赶进度而被迫加班，等到项目完成，不需要大家加班的时候，他们却

已经养成了加班的习惯。而且，就算已经下班，我这位朋友也要在公司逗留，简单吃个饭，然后再回到公司加班。

后来，我这位朋友坚持要改掉这种习惯，于是，她下班后尽量不在公司周围吃饭、休闲。但她有时候也会觉得，紧张的工作让自己没办法马上回家休息。

其实，这时候她可以找一个离家比较近的小书吧或咖啡厅，看看书或喝喝咖啡，或者约一两个朋友去看电影。这样既能把自己从繁重的工作中解脱出来，又可以缓解压力，增进与他人的交流。

3. 用加班使工作变得更完美

你希望把工作做得完美，以此来获得领导的更多认可。于是你喜欢通过加班使自己的工作变得更完美。你可能整个晚上都在为某个细节而绞尽脑汁，但到最后，你发现过度修饰结果并没有太大改善。

看似是为了追求完美，其实是因为你害怕遭受批评或面对失败，所以要通过拖延来延长交工的时间。当有人否定你的工作时，你就会理直气壮地站出来跟对方争辩，因为你认为自己付出了很多的心血。实际上，你所谓的很多，只是拖延而已。

谁说所有的工作一定要做到完美？这绝对是不合理的工作理论。

当年 Windows 和 OS/2 激烈竞争时，比尔·盖茨没有等开发出一个完美的系统时再向世界发布产品，而是率先推出了有很多漏洞的 Windows95。也许你曾经像很多用户一样，不断抱怨这要命的 Windows 总有数不清的漏洞。但到了今天，人们只知道 Windows，却很少有人记得 OS/2。有专业人士评价说，Windows 的成功不在于它有多完美，而在于它不断修正的过程。

确实，自从 Windows 推出 Windows95 后，很快就升级到了 Windows97，然后不断更新升级，直到现在的 Windows11。如果当年 Windows 的开发者比尔·盖茨也是个以追求完美为由不断拖延的人，我们今天所看到的操作系统，很可能就不是 Windows 了。

追求工作的完美固然重要，但是把握先机才是职场和商场的不败法则。在这个案例里，拖延的下场就是很快被人遗忘。

如果你有反复修改的习惯，就给自己规定一个次数，比如规定修改5次后便马上结束。有时候，你无须把事情做到极致，因为那未必是件好事。极致的结果可能不是表扬，而是继续遭受领导或客户的百般挑剔。如果你等领导或客户看完并提出意见后再进行修改，就能省下不少精力和时间。

4. 你以为成功人士都在加班

在很多人的印象里，成功人士总是跟"加班"两个字分不

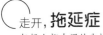

开。于是，他们拼命加班，以期更快取得事业上的成功。事实上，长期挑灯夜战的人往往没等到成功，身体就已经撑不住了。

我身边有几个朋友，他们年纪轻轻就患上不同程度的颈椎病、腰椎病和腰肌劳损。别说加班，工作时间一长，就浑身难受。"革命"的本钱都没了，还有什么条件谈成功呢！

真正的成功人士更懂得在勤奋工作之外，美美地享受生活。

你应该每天告诉自己"绝不拖延，绝不加班"。对于公司的加班制度，你要用业绩向公司证明，你可以不加班。

当然，如果老板不管三七二十一，无论如何都要你加班，你唯一的办法就是让加班变得不那么乏味。你可以把重要的、枯燥的、复杂的任务在正常工作时间内完成，把那些不重要的、有趣的、简单的任务放到加班时做。

"战拖"小贴士

有拖延症的你，喜欢说："我以后一定要……""我以后再也不……"

这些代表自己将痛改前非、积极行动的宣言，更大程度地表现了你独立的、不再被拖延牵制的心，但与此同时你又不愿意被其他人孤立。

你无比忙碌，但可能只是在拖延

莉莉是个"95 后"女孩，在北京一家广告公司做文案。凭着灵活的思维和敏锐的洞察力，莉莉始终表现得很好。但是，工作 6 个月以后，莉莉的工作状态越来越糟糕。用她自己的话说就是"陷入了穷忙的状态"。

有同事想和莉莉一起吃中午饭，经常得到的回复是："忙得要死，帮我带回来吧。"有同事经过莉莉身旁，经常听到莉莉抱怨说："忙了一天，水都没喝一口。"

虽然莉莉总是一副很忙、很卖力的样子，但是她仍然延误了很多工作。应该在星期一给客户回电话，她拖到了星期三；应该在星期二给总监提交策划案，她拖到了星期四；应该在星期三搜集齐资料，她拖到了星期五。

莉莉觉得自己忙得头晕，仍然有那么多忙不完的事，于是很多事不得不向后推。最开始时，莉莉会向领导报告真实的情况，比如她会如实地告诉总监，因为自己的问题把工作向后拖了。

到后来，莉莉开始说谎。她会说，因为电脑出了故障，做好的文案全丢了。有时候会说，自己做出了几个方案，但实在不满意，便全部删掉了。偶尔也会说，因为要忙另一项工作，而不得不把这项工作的排期推后。总之，她会编出各种各样的理由，为自己的拖延找借口。

时间一长，莉莉感到很内疚，却无法摆脱这种尴尬的处境。到后来，莉莉有了辞职的打算。因为她非常希望换一个环境重新来过。

虽然莉莉很忙，但是她像所有的拖延者一样，一天中很难集中精力做好一件事。就算是发邮件这样的小事，她也会因为各种各样的原因而拖延好几个小时。无数琐碎的工作把莉莉的一天分割成无数个时间段。莉莉很难有效地利用这些时间，一天下来她感到非常忙碌，却没有完成应该完成的工作。

你可能也和莉莉有同样的遭遇，"忙"只代表了你工作的状态，却无法代表你工作的质量。"忙"不但不能让你感到满意，反而会让你感到焦虑、疲惫、烦躁和内疚。事实上，你不是在忙，而是在拖延。

1. 毫无计划

如果你是一个每周大计划、每天小计划的人，也许就不会像莉莉一样陷入穷忙的状态。莉莉正和所有的拖延者一样，把规划工作、统筹工作的时间往后拖。

你心里想着,是时候给自己的工作制订个计划了,但是你却没有及时行动,而是一拖再拖。你甚至把思考的时间也往后拖。你成了一个既不思考,也不计划,只知道低头拼命工作的人。

因为没有计划,工作来了,你只有招架之功,却无还手之力。如此一来,手忙脚乱也是正常的事了。

2. 不专注,没效率

很多人不愿意承认自己效率低下,总是找理由,说自己负责的工作太多,所以进度才会慢下来。穷忙族往往都是自控力比较差的人,很容易被一些无关紧要的事情吸引。

有同事私下里议论某个明星,穷忙族很快就会去网页搜索那位明星的身世和出道经历。时间一分一秒地过去了,他们从一个网页跳转到另一个网页,从一个明星跳转到另一个明星。等他们回过神来忙工作时,发现一个上午已经过去了。

拖延会让一名优秀的员工走进穷忙的迷宫,很难走出来。如果你不能清楚地意识到自己的这一问题,就很有可能穷忙一辈子,最后一事无成。

3. 觉得自己是超人

"好的,我可以做,拿来吧!"

"我试试吧,应该没问题。"

"这样的事情,交给我就对了。我脑子非常好,同时做三件事都没问题。"

你觉得自己是超人,没有什么事是自己不能搞定的,于是你早就忘了什么是拒绝。只要别人有求于你,你必是赴汤蹈火,万死不辞。

小刘的电脑网速太慢,求你给更新一下系统;小王的打印机坏了,求你给打印几份表格;网友的文件打不开了,求你远程做个恢复……

一天下来,你忙得团团转,会为自己被大家需要而开心。但你只要想到自己的工作,就会焦虑不安,因为你已经把它们一拖再拖,你的时间也已经浪费了很多。

把自己当成超人的你,收获和付出很难成正比。"很忙"成了你的口头禅,却不是你成功的标志,因为你一直在拖延。

"战拖"小贴士

"忙"分为两种:一种是工作任务重,在计划周密、有条不紊的情况下忙,忙而不乱,业绩显著;另一种则是不做计划,忙得没有条理,工作效率低下。

前者是真忙,后者就是穷忙、瞎忙。

第一章 很多事，可能都是你的借口

> 穷忙者之所以一直让自己处于无休止的忙碌中，其实是为了缓解因拖延而产生焦虑感。当无事可做时，穷忙者开始感到内心空虚，但他们仍然不会着手去做自己的工作，而是继续做一些无关紧要的事情。
>
> 只要有事可做，他们就会暂时忘掉那份被拖延很久的、无比重要的工作，内心也就可以获得暂时的安逸。

第 3 堂课
永远把工作放在"最后期限"

"只有等到最后期限，我的潜能才能被激发出来，我才会以火箭般的速度完成工作。请相信我吧！不到最后期限，我根本就没有任何灵感！"

这是一位重度拖延症患者对催促他快点写论文的女友说的话。

女友非常了解他，几乎 99% 的任务他都会等到最后期限才做。

因为这个男生觉得，如果提前开始，自己一点儿做事的心情都没有，等到最后期限再行动，自己会表现得更出色。

他的说法，跟很多人认为的"最后期限可以激发一个人的潜能"的观点不谋而合。事实上，最后期限真的可以激发人的潜能吗？

心理学家认为：适当的焦虑反应可以激发潜能，有助于接受挑战，然而过度的焦虑却会造成交感神经的失调，进而产生一系列自律神经失调症状。

例如晚上睡眠不好、失眠、注意力不集中、记忆力下降、头痛头晕、四肢酸痛、眼睛干涩、烦躁易怒等，较严重者会有心跳加快、呼吸困难、莫名其妙发抖与盗汗、胸痛、肠胃不适等。

当然，很多人表现出来的只是失眠、健忘等轻度的焦虑症状，但这不代表你可以听之任之。如果能够提前行动，而不是把"最后期限"当成激发潜能的方式，可能就不用承受不必要的焦虑了。

刘强，35岁，在一家私人公司做会计工作。因为刚刚跳槽过来，处在半年的试用期里，刘强只负责把公司每月的财务明细做成报表，在月底提交给领导就可以了。可以说，刘强每天的工作都比较轻闲。

但越是工作轻闲，刘强就越是拖着不做。他的同事也曾经提醒过他，报表应该从一开始就做好框架，每周跟进，否则月底根本就完不成。但是刘强却觉得同事是杞人忧天，到了最后期限，他自然就会把工作做好。

第一章　很多事，可能都是你的借口

时光飞逝，很快就到了月末。眼看还有两天的时间，刘强开始变得焦虑起来。因为有两份重要的数据还需要花时间计算、核对，如果再加上做报表的任务，两天根本完不成。

想到这些，刘强便坐立不安。因为太过紧张，在电脑前工作时，刘强的手不由自主地抖了起来。而当天晚上，尽管他上床时已经凌晨两点，但他仍然翻来覆去睡不着，心里一直盘算着第二天如何快速完成工作。

但第二天，刘强不得不向同事求助，这才把任务按时完成。

在这个过程中，刘强一直处在高度焦虑和不安当中。等领导拿到报表后，刘强觉得自己就像是死里逃生了一般。而正是这种高度焦虑后又完全放松的状态，让刘强会在下个月继续以同样的状态完成工作。

然而，不可能每次都这么走运，刘强在试用期的最后一个月里，不但没能完成任务，还整理错了好几组数据。如果刘强能提前完成报表，发现错误后就还有时间改正。因为在最后期限才完成还出现错误，所以领导大发雷霆。

毫无悬念，刘强失去了那份工作。其实，刘强也知道是拖延症害了自己，但是他总觉得工作没完成只是一个意外，如果自己稍微提前一天，就完全没问题了。

事实上，在最后期限时，人不仅面临来自任务难度的压力，还面临时间方面的压力。等到最后期限，很可能时间已经来不及

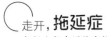

了。就算时间来得及,能不能把任务完成好,还是一个未知数。因此,等到最后期限才行动的压力比提前行动大很多倍。

在这种压力下,人们会感到更紧张,工作时更容易出错,返工的可能性也就更大。对于某些任务来说,一旦等到最后期限再行动,就不得不付出巨大的代价。

因此,请舍弃"我会在最后期限前完成"的想法吧!寄希望于最后期限,很可能会有重大的损失在等着你。最明智的做法就是提前开始工作,并且给工作留出余地。如此一来,就算工作有失误,也有时间及时改正。

当然,你也可以把每一天都想象成最后期限。因为,假如你能把每一天都看成最后期限,就不会把今天的事情拖到明天去做。

"战拖"小贴士

喜欢在最后期限完成工作的人,往往会在迟到的前一分钟走进公司。

喜欢在最后期限完成工作的人,往往会信奉"效率是逼出来的"的理念。

喜欢在最后期限完成工作的人,最害怕的就是领导提前抽查,或者领导从一开始就同步监督。

喜欢在最后期限完成工作的人,往往都比较自信,但实际上这种自信是盲目的自信。

害怕失败的人是拖延症的最爱

如果你是一个害怕失败的人,那么你极有可能是一个拖延症患者。

我的一个来访者,暂且叫他小杰。

小杰32岁,是一位五官端正、身材高大的男士。在与人交流的过程中,他的渊博学识、敏捷思维和幽默感很容易让人对他产生良好的印象,觉得他应该是一位事业上很有成就的男士。

但是,我问他从事什么工作时,他的眼神瞬间黯淡了下来。

他说,就是因为懂得太多、太聪明,很多种工作都能做,但又非常害怕失败,所以什么工作都没有做。

他叹口气说:"唉,我最近五年都在家里待业,靠父母的养老金生活,反正他们也没有什么花销,我没工作,这能怎么办呢!"

因为害怕失败，所以就什么也不做，这简直太令人不可思议了。其实，有拖延症的你也曾和这位小杰先生一样，有过同样的想法，只是你没有他那么极端。

1. 不愿承认自己不够优秀

斯坦福大学心理学家卡罗·德威克的研究结果表明，在面对失败时，人有两种心态：一种是固定心态，一种是成长心态。

第一种心态认为智力和才能是与生俱来的。这一类人只允许自己成功，无法忍受自己失败。因为在他们眼中，失败了，就证明自己不够聪明，不够有智慧。他们不仅仅害怕失败，即使是犯错这样的事情，他们也同样无法容忍。因为他们觉得错误是失败的证明，一旦自己犯了错，被他人指责，则代表失败。

这类人是以成败论英雄。而面对失败，就像面对死亡通知书一样令他们恐惧而又无法接受。

很大一部分拖延症患者并不懒惰，他们有时候比任何人都勤快。但他们却是异常胆小的人，他们非常害怕失败。他们不想早一刻面对失败，便用拖延时间的方式来应对。多拖延一天，就可以晚一天面对失败。

不做 = 不失败，不失败 = 优秀，结果这一类拖延症患者会得出一个很奇怪的等式：不做 = 优秀。

2. 拖延，以便获得心理自我保护

在心理学上有一种现象叫合理化，它是指当人的动机或行为不被社会接受，或人因其他原因而受挫时，为了减轻因动机冲突或失败挫折所产生的紧张和焦虑而找一些冠冕堂皇的理由来为自己辩护，以便自圆其说。虽然这些理由是经不起推敲的，并非真理由，也非好理由，但在一定程度上起到了心理保护的作用。

没错，拖延成了拖延症患者的心理安慰剂。

一个害怕失败，也不愿意面对失败的人，每做一件很重要的事，他的内心会比普通人更紧张、更焦虑。但是如果他一直拖着事情不去做，或者拖到不做老板就要开除他、客户就要打官司告他的时候，结果最终失败了，他就可以安慰自己说："我的能力没问题，只是我把这件事拖得太久了，时机变了，所以才失败了。"

把成败的原因从自身能力方面剥离开，转而归结到拖延本身，从而使自己的自尊心和自信心不受到伤害，这种转介归因的方法，就是一种非常好的自我心理保护机制。这就好像一幢大楼刚投入使用不久就倒了，开发商告诉你，大楼本身没问题，是风太大造成的。拖延成了害怕失败者合理的借口，被他们堂而皇之地用在任何地方。

经常听到学员们说，不管他们是在上学时，还是在工作后，需要拼一把的事情，如果有 80% 的成功率，他们的干劲就会比较大；如果成功率只有 50% 或者更低时，他们就会把事情拖延下来。

心理学家认为，一个人对任务难易的评估和对自身能力的评估影响着他是否尽快行动。如果我们改变任务的难度，或者增强自信心，就可以有效地改善害怕失败这一类拖延症患者的拖延状况。当然，对于其他因素造成的拖延，还是对症下药更有效。

一个人只有有信心做好一件事，才不会被困在害怕失败的泥沼中。降低任务难度的方法后面会有详细的讲解。此处，我只是要帮大家认识到自己的拖延症状。

"战拖"小贴士

拖延症患者之所以害怕失败，不愿意面对失败，归根结底是因为他们非常在意别人对自己的看法。他们害怕别人认为自己无能、平庸，害怕别人对自己露出失望的表情。

"这件事我必须成功，否则同事会怎么看我！"

"这次我必须得满分，让老师和同学大吃一惊！"

"这篇稿子我必须写精彩，不让杂志社的编辑失望！"

过分关注别人的看法，会使我们产生被关注的焦虑感和紧张感。

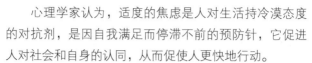

> 心理学家认为，适度的焦虑是人对生活持冷漠态度的对抗剂，是因自我满足而停滞不前的预防针，它促进人对社会和自身的认同，从而促使人更快地行动。
>
> 但是，过度焦虑则会使人把注意力放在自身情绪上，反而不会马上行动，从而造成拖延。比如过度焦虑的人会选择逃避，而不是想办法解决问题。

第5堂课
任何事都可能成为拖延的借口

日本有一位著名的禅师叫亲鸾上人，据说他在九岁做出出家的决定后，便去请求一位有名的禅师为自己剃度。

禅师看了看他，说："你这么小，为何要出家呢？"

年幼的亲鸾上人说："我虽只有九岁，父母却已双亡。我不知道为什么人一定要死亡，为什么我一定非要与父母分离，为了探索这层道理，我一定要出家。"

禅师被亲鸾上人的决心感动，便说："好！我明白了，我愿意收你为徒。不过，今天太晚了，待明日一早，再为你剃

度吧!"

亲鸾上人听后,不以为然地说:"师父,虽然你说明天一早为我剃度,但我终是年幼无知,不能保证自己出家的决心是否可以持续到明天。而且,师父你年龄那么高了,你也不能保证明早是否还能活着吧?"

禅师听了,拍手叫好,便同意马上为亲鸾上人剃度。

今日事,今日毕,不为拖延找任何借口和机会。

也许正因为亲鸾上人小小年纪便有如此悟性,才使得他后来成为日本佛教净土真宗初祖。

有人问,这世上什么事最容易做到?

有些成功学家认为找借口是人们最容易做到的事情。因为只要你愿意,任何事情都可以成为你的借口。正因为人们能找出各种各样的借口,借口才成了拖延的温床。有借口就会有拖延,它们像一对孪生兄弟般形影不离。

该给客户打电话了,但即使现在就打电话,客户同意见我,我还没有准备好见面要穿的西服,打了也是白打。于是,一件不存在的西服就成了拖延的理由。

领导要我写一篇报告,但是我手上还有其他事情要做,所以报告的事情就先放一放吧。每当我想起还有报告没写时,便首先想到,反正领导还没催,不着急。可等到领导问起时,我才想起报告没写,开始手忙脚乱地写报告。

第一章 很多事，可能都是你的借口

三年前的夏天我想去三亚旅行，但是当时觉得自己心情不大好，认为可能是去三亚的时机还不够成熟。三年过去了，总是有各种事情阻碍我去三亚，到现在为止，我仍然没有去过三亚。

我想在35岁之前考个会计师证，但总觉得自己工作太忙，想等工作不忙的时候再说。如今眼看自己马上就要35岁了，却连会计师证辅导班都没有找好。现在我要上班，还要抽空陪孩子学习、照顾家里的两个老人，我觉得自己比以前更忙了。报考会计师证的事，可能这辈子都没有机会了。

听着别人的故事，你是否有种似曾相识的感觉呢？

没错，这就是你的生活状态。你在找各种各样的理由拖延。你有理由等待，有理由推后，但是你很难找到理由让自己行动。不仅仅是那些阻碍你的理由，那些正在打扰你的事情，同样会使你迈不开行动的双腿。

然而心理学家发现，每个人做事的情绪能量都是有限的。一个人假如接受了某项任务，即使他什么也不做，拖延一分钟，对该任务所消耗的能量就多一分。人的精力总是有限的，激情也是有限的。事情拖得越久，人的情绪能量消耗得就越多。最后，人们所剩下的不是热情和激情，而是厌倦和疲劳。这也正是为何拖延很久的事，即使是一件好事，也会让人感到有压力和负担。

比如，一个男孩想向一个女孩表白，于是构思了很多美妙

的情节和动情的言语,男孩觉得女孩一定会喜欢。但是男孩又担心女孩会拒绝自己,所以男孩迟迟不肯行动。

于是,和女孩约会的情景和对白,一遍遍地在男孩的脑海中预演。等到拖了很久后,男孩真的去表白时发现,自己的热情大不如前。最要命的是,男孩发现自己最先构想的一长串富有诗意的表白,一个字也说不出口了。

这其实都是拖延的结果。

美国西点军校传授给学员的第一个理念就是"没有任何借口"。同时,西点军校要求学员们把"立即执行"作为行为准则。也许,正是严格的要求使得西点军校成为赫赫有名、源源不断向世界输送卓越人才的名校。如果丢弃借口,你自然就会立刻行动,否则你连自己都无法说服。

"战拖"小贴士

人为什么喜欢退缩?

因为那代表了一种安全,人的内心会体会到快乐。要想有效克服拖延,你应该把原来的拖延习惯跟巨大的痛苦联系起来,把被放大的快乐跟不拖延的行为联系起来。每当你想为拖延找借口时,应该首先想到,拖延就会痛苦,不拖延就会快乐。如此一来,才有可能克服拖延。

第一章 很多事，可能都是你的借口

拖延症测试

当你被这本书吸引时，可能你已经被拖延症折磨了很久。有很多人虽然一直在拖延，但是总认为自己"还行"。请别再自欺欺人了，你所谓的"还行"，只是自我纵容下的假象。再不重视拖延问题，你的人生很可能就会这样一直拖延下去。

这世上很多人之所以忙忙碌碌一辈子，最后一事无成，不是因为他们不够聪明，更不是因为他们不够勤奋，而是因为他们都有拖延症！

不要再说你只是太过于追求完美，所以不得不拖延着生活。事实上很多真正的完美主义者，并没有拖延的习惯。

因此，你没有想象中那样了解自己。你需要了解最真实的自己。打败拖延症的第一步就是了解你的拖延现状。下面有19道测试题，它可以帮助你初步了解自己的拖延症处在什么阶段。

> 走开，**拖延症**
> 年轻人都在用的自控力训练法

1. 喜欢不停地刷短视频（　）

　　A. 经常　　　B. 偶尔　　　C. 从不

2. 喜欢反复查看电子邮箱（　）

　　A. 经常　　　B. 偶尔　　　C. 从不

3. 把领导安排的任务往后推（　）

　　A. 经常　　　B. 偶尔　　　C. 从不

4. 一想到有新的任务就会感到不安（　）

　　A. 经常　　　B. 偶尔　　　C. 从不

5. 会等到水电费没有了才去缴费（　）

　　A. 经常　　　B. 偶尔　　　C. 从不

6. 约会时迟到（　）

　　A. 经常　　　B. 偶尔　　　C. 从不

7. 购物时会纠结很久（　）

　　A. 经常　　　B. 偶尔　　　C. 从不

8. 对没有把握的工作会感到忧虑（　）

　　A. 经常　　　B. 偶尔　　　C. 从不

9. 总觉得自己的时间不够用（　）

　　A. 经常　　　B. 偶尔　　　C. 从不

10. 总是要等到手机停机才缴费（　）

　　A. 经常　　　B. 偶尔　　　C. 从不

11. 马上就能完成的事仍需要用几天的时间完成（　　）

A. 经常　　　B. 偶尔　　　C. 从不

12. 即使面临任务截止日期，还是会分神做别的事（　　）

A. 经常　　　B. 偶尔　　　C. 从不

13. 在完成困难的任务时会担心失败（　　）

A. 经常　　　B. 偶尔　　　C. 从不

14. 虽然工作不累，但会熬夜加班（　　）

A. 经常　　　B. 偶尔　　　C. 从不

15. 对于一些事件，即使没什么意义，也很容易卷进去（　　）

A. 经常　　　B. 偶尔　　　C. 从不

16. 在做出决定前会关注无关紧要的细节（　　）

A. 经常　　　B. 偶尔　　　C. 从不

17. 会对自己说"这事我明天就做"（　　）

A. 经常　　　B. 偶尔　　　C. 从不

18. 总是认为还有时间，不急，即使他人催促，仍然淡定自若（　　）

A. 经常　　　B. 偶尔　　　C. 从不

19. 每晚临睡前会完成所有该做的事（　　）

A. 从不　　　B. 偶尔　　　C. 经常

走开，拖延症
年轻人都在用的自控力训练法

评分标准：

选 A 得 2 分，选 B 得 1 分，选 C 得 0 分。

参考结果：

0~5 分：零拖延。你是一个办事效率很高的人，你可以继续保持原有的做事习惯，拖延症和你暂时没关系。

6~14 分：轻度拖延。虽然你的症状比较轻，但仍然要当心，如果不能及时改变，半年后你的拖延症会越来越严重。请找到自己拖延的原因，并将它扼杀在萌芽中。

15~34 分：中度拖延。再不改变，你将是下一个重度拖延症患者。

35 分及以上：重度拖延。你已经病入膏肓了，再不自救，你就会越陷越深。别以为我是危言耸听，成功正离你越来越远，负疚、担忧正如影随形。

第 二 章

拖延毁掉了你的所有

假如你能提前五年改掉自己的拖延症，你该多拿多少奖学金？多完成多少工作，从而获得奖金和升职？

假如你能提前两年改掉拖延的习惯，你该多拿多少工资？提前多久被领导提拔？多抓住多少机会？成为比现在更优秀、更成功的人啊？！

一切都源于拖延！不过你现在意识到并努力改正还不算晚。

第6堂课
拖延会埋没一个人的潜能

"我没什么大问题,只是喜欢小小拖延一下而已。"

"我这人没什么坏习惯,只是有时候不守时。"

正如所有拖延症患者自我感觉的那样,拖延症不是要命的病,只是一种不好的行为习惯、不良的处世方法。于是,很多人虽然每天都痛恨自己的拖延症,但却很少有人会以一种认真的、严肃的态度来对待拖延症。如果有人身上长了牛皮癣,他可能会请假在工作日去大医院挂专家号;有人得了脚气,他可能会买上几罐脚气水,每天晚上认认真真地泡脚。但是没有人会到医院去看拖延症,而医院也没有这一类门诊。

跟少白头、牛皮癣、脚气、灰指甲这样的病比起来,拖延症似乎根本不是病。但拖延症却比那些器质性病变的危害大得多。最重要的一点就是,拖延会埋没你的潜能。

潜能是人身体里的潜在能量。

心理学家认为，人类的潜能是无限的。人的大脑只有因为病变而不好用的时候，但绝对不会像U盘一样不够用。很多人不断提高极限，朝更高的目标努力，却仍只发挥了一小部分潜能而已。世界各国的成功学家都在努力教人如何开发自己的潜能。

一个人的潜能被开发利用得越多，他的能力就越强，他能做的事情也就越多，取得的成就也就越大。

美国著名的富尔顿学院心理学系的学者们曾说："编撰20世纪历史时可以这样写——人们最大的悲剧不是恐怖的地震，不是连年战争，甚至不是原子弹投向日本广岛，而是千千万万的人活着然后死去，却从未意识到存在于他们身上的巨大潜能。"

无独有偶，美国著名心理学家威廉·詹姆斯也说过类似的一句话，他说："我们只不过清醒了一半。我们只运用了身体上和精神上的一小部分资源，未被开发的地方还有很多很多，我们有许多能力都被习惯性地糟蹋掉了。"

其实，这一部分被糟蹋掉的潜能是完全可以保留下来并被充分利用的。于是，这就造成了更大的悲剧，不但人们隐藏的潜能没被开发出来，展现出来的潜能也因为拖延症的存在而被再次埋没。

小威是一家企业的销售，大学期间他辅修艺术设计，成绩如何暂且不说，同学们都非常羡慕他有高超的绘画技术。

有的同学说小威将来肯定会成为一位知名漫画家，有的同学说小威就算不当漫画家，在北京的798艺术区开个小画廊，应该也是非常不错的。

其实小威非常喜欢画画，也曾有过一些美好的构想。只是大学实习期间，小威考虑得比较现实，他想先赚些钱，让自己的生活过得滋润一些再说。于是，小威选择了一份销售的工作。

在此期间，小威一直想一边工作一边画画儿赚钱，这样既可以兼顾自己的爱好，又能够给自己带来一份额外的收入，可以说是两全其美。但是，工作后小威迷上了网络游戏。每当他把准备好的画笔拿在手上时，就想看看游戏升级到了多少分。就算不打游戏，小威也总是放下绘画去忙别的事情。

时间转眼就过去了，两年以后，小威终于克服了重重的阻碍，在一个悠闲的周末拿起了画笔。但是，他的手已经不会画画儿了，他的绘画技术跟一个初学者差不多了。几年前同学们眼中那个骄傲的"漫画王子"已经失去了他的优势。

小威把自己绘画潜能的严重倒退归结于学艺不精。其实，正是拖延埋没了他的绘画潜能。物理学中的能量守恒定律说，能量既不会消失，也不会创生，它只会从一种形式转化为其他形式，或者从一个物体转移到另一个物体，而转化和转移的过程中，总能量保持不变。对于小威来说，他的绘画潜能很大一部分被转移到了游戏和忙乱当中。

第二章 拖延毁掉了你的所有

正如心理学家所说,拖延是埋葬一个人潜能的最好方法。只要患了拖延症,一个人的理想不管有多么远大,都有可能永远也不会实现。拖延症就像一个重重的包袱,压在人们的肩头,让人们减慢了实现梦想的脚步。

拖延不仅损害人的创作潜能,还会使人的社会潜能受损。社会潜能强大的人,具有很强的组织能力和调动他人积极性的能力。他们往往很守时,大多数时候会冲在最前面。而一个经常迟到,没什么时间观念的人,基本上是没有信心也没有办法充当团队的领导者角色的。

比如,一个人不管学习成绩多好,如果他经常迟到,经常不交作业,老师也很难把课代表或班长等的工作交给他。

"战拖"小贴士

开发一个人潜能的方式很多,比较简单易操作的有听觉刺激法、视觉刺激法、观想刺激法和近几年比较流行的催眠激发潜能法。

当一个人恐慌、缺乏自信时,就可以猛然大喊大叫几声,用声音的力量来唤醒潜意识,从而激发人的信念。这种方式对于不同的拖延症患者会有不同程度的治愈效果。一个迟迟不愿意行动的人,如果能使劲大喊大叫几声,马上便会增加行动的信心和勇气。

> 视觉刺激法也很容易操作,可以在房间里放一个画板,然后把自己的梦想写在画板上,通过视觉的刺激来激发行动的潜意识。

第7堂课
拖延会浪费你的生命

几乎每一个拖延症患者,都是在重要的时间里做着不重要的事;几乎每一个拖延症患者,都是在不断地低估今天,高估明天。于是岁月蹉跎,时间一分一秒地溜走,但是你却没有做好自己该做的事。

你总是以一种"期望式思维"来看待时间。你认为自己完全可以驾驭时间,于是五天的任务期限,前四天你做其他事,最后一天你再咬紧牙关拼死战斗。在没有意外发生的情况下,你刚好在最后时刻完成任务。你觉得自己是个天才,于是这种拖延的状态成了习惯。但是你丝毫没有认识到,拖延其实就是在浪费生命。

第二章　拖延毁掉了你的所有

现代西方学者认为拖延是"以推迟的方式逃避执行任务或做决定的一种特质或行为倾向,是一种自我阻碍和功能紊乱行为"。拖延消耗你的时间和精力,给你的生活和工作带来了无法估量的损失。

1. 觉得自己还有时间

虽然你一直明白拖延并不是一件好事,但是你坚信自己还有大把的时间。你和客户约在当天下午 2 点见面,12 点 40 分你认为还早,觉得自己可以睡个午觉,以便有饱满的精神跟客户交谈。

1 点 30 分,你认为半个小时的时间足够你打理自己。直到 1 点 45 分,你突然发现 15 分钟的时间连走出办公楼都不够。

事情的结果是,你迟到了。

不管你迟到多久,哪怕是迟到 1 分钟,你内心的愧疚感都会存在很久。而这种愧疚感会渐渐吞噬你的意志力和自信心。

如果这种"还有时间"的概念在你的头脑中成为一种固有思维,你就会成为一个拖延成性之人。有人说,一个人一生最多能活三万多天。其实归根结底只有一天,那就是今天。

而拖延症患者却是喜欢懊悔昨天、畅想明天、浪费今天的人。拖延让他们浪费每一天,其实就是在浪费一生。

2. 除了自己的事，别人的事都能兴致勃勃

有些人自认为并没有患上拖延症，因为他们对待事情的态度非常积极，从来都是立即行动。但前提是，事情必须是别人的事。

李浩是一家公司的软件工程师，因为很有能力，所以颇受领导的赏识。入职半年后，李浩开始变得懒散和拖延。

就拿最普通的星期一来说吧，上午李浩为一个同事修好了系统崩溃的电脑，在线上为两个大学同学解答了三个情感困惑，然后又帮前女友修改了一份PPT。整个上午李浩非常忙碌，但是他自己的工作却一件也没做。

成为一名优秀的软件工程师是李浩的理想，但是他的精力却花在了无数无关紧要、与自己的工作无关的事情上。很快，李浩的工作效率一天天下滑，最终领导不得不将他辞退。原本很有才华、很有前途的一个人，却因为拖延而失业。

其实李浩的故事并不是个案，据英国广播公司的一份最新报告显示，95%的人有过拖延的行为，其中有20%的人则是拖延成性。

发明家爱迪生认为，时间是世界上最重要的东西，拖延时间就是在浪费生命。拖延时间意味着虚度光阴、无所事事，会使我们感到空虚无聊。看看那些取得佳绩的人，他们总是忙于自己的实际工作，很少会把时间浪费在没用的事情上。

"时间就是生命""时间就是金钱""一寸光阴一寸金"……这样的话几乎每个人都能脱口而出。但是很多人又同时在说着这样的话:"我要是以前多读点儿书就好了!""我要是当时少玩儿一个小时,好好工作就好了!""我要是不一直拖着,早点儿给客户打电话就好了!"

上天对每个人都是公平的,因为它赐予每个人的一天都是 24 小时。在同样的时间里,如何想做出不一样的成绩,就要看你如何把握这 24 小时。而拖延却可以成功地毁掉我们的 24 小时。很多人之所以改不掉拖延的习惯,正是由于他们总认为拖延只是生活中微不足道的事。显然,如果人们认识不到拖延的危害,就战胜不了拖延。

"战拖"小贴士

美国心理学家菲利普·津巴多认为,只有在过去、现在和未来三种时间坐标参照中保持平衡的人,才能够充分享受生活。而那些轻视未来的人,则属于感知失衡。

比如一个人三个月以后要参加一场考试,于是他的心里就会出现一种不真实感。在他看来,考试将是一件很久远的事情,因此他便不会重视,把复习的事情一拖再拖。

第8堂课
拖延是意志力的"攻城锤"

小辛是一名大四的学生,从大一时开始,她就有了拖延的习惯。

比如,几个月之前,她就知道有一场非常重要的考试在等着自己。

到还有70天的时候,她开始惦记着考试的事,把需要复习的书本全部找出来,郑重其事地摆在书桌上。

到还有60天的时候,她知道时间并不富裕。她发誓要吸取上次失败的惨痛教训,这次一定要好好复习,努力通过考试。但她决定先让自己放松一下。她抱着书本在宿舍里一个人跳起了华尔兹。美妙的音乐让她的心情好极了。她知道当前最重要的是复习,却无法控制自己的意志。

到还剩45天的时候,她把"一定要通过,要努力复习"这几个字贴在了宿舍的床头,以便让自己每天起床时和睡觉前都

能看到。但是,那几个字每提醒她一次,她就会焦虑一次。

她把厚厚的复习资料拿在手里,眼睛却瞥见了阳台上的富贵竹。该死,怎么没人换水啊!她麻利地放下书,一路小跑着、哼着小曲儿给竹子换水。不仅如此,她还饶有兴致地给富贵竹去了去黄叶、剪了剪太过发达的根须。

在这一过程中,她也一直在对自己说:"你现在最要紧的是看书、复习,而不是这些无关紧要的小事,你得赶紧复习,复习!"

但是,她一拿起书,内心就好惆怅,好无力。同时,有一个声音突然对她说:"烦死了!烦死了!你为什么要现在看书?明天再看也可以呀!看书多辛苦呀,再好好玩儿一天吧!"

小辛扔下书本,跑去冲了一杯咖啡,然后麻利地打开了微博。她一目十行地浏览了几百条微博后,又给几个很久没联系的朋友发了微信。接下来,小辛又马不停蹄地快速浏览购物网站。几个小时下来,小辛累得头昏脑涨。她又不得不躺在床上小睡。

她闭着眼睛开始自责:"我真是个蠢货,我刚才怎么又玩儿起来了!如果我刚才没有花那么长时间看微博,而是拿来复习该多好。唉!时间不够用呀,考不过不赖我呀!"

离考试还有 20 天时,小辛开始向经常来找自己看电影、逛街的女同学发脾气。她回绝了外出活动,扬言自己要努力复习。但是关起门来,她又控制不住自己,不是在睡觉,就是刚复习

了一会儿,就被其他事情吸引了。

小辛觉得自己就像故事"小猫钓鱼"里的小猫,很难控制自己不去追逐那些漂亮的蝴蝶。

离考试还有10天,她知道就算一天复习一章,考过的概率也是比较渺茫的,但她仍然想试一把。于是,小辛给自己制订了严酷的复习计划。但她仍然没有执行。

离考试还有3天,小辛只完成了计划的十分之一,她决定把接下来几天的晚上都利用上。但她晚上却在疯狂地打游戏,白天也变得昏昏沉沉。

果然,小辛又没有通过考试。

她觉得自己快要疯了,自责得恨不得杀了自己。像所有的拖延症患者一样,小辛在其他事情上的拖延习惯也非常严重,比如工作时无法专心,总是被一些无关的事情吸引。

其实,一个人意志力薄弱,自控力差,是拖延的最大原因。同时,拖延也会使一个原本意志力和自控力比较强的人变得意志薄弱和缺乏自控力。这样一来,就会产生更加严重的拖延。这其实正是拖延症如果得不到及时的控制和治疗,就会变得越来越严重的原因。

拖延是意志力的"攻城锤",它会让一个人的意志力坍塌。不管制订了多么完美的计划,如果你的意志力很差,再好的计划也发挥不了作用。

你还记得"头悬梁，锥刺股"的典故吗？

战国时期，有一个叫苏秦的人，他年轻时学问不深，到很多地方讲学都不被人重视。回家后，家人也对他冷嘲热讽。自尊心受伤的他，决心发奋读书。当时没有电脑，更没有微博、微信之类的社交工具，苏秦也会像大学生小辛一样犯困。为了防止自己犯困，苏秦便拿着一把锥子，只要自己一打瞌睡，就用锥子刺一下自己的大腿。这样自己就不会贪睡，就能清醒地读书了。

到了汉代，有一个叫孙敬的人，他每天读书到深夜，为了防止自己打瞌睡，便用房梁上的一根绳子把头发拴起来，这样他一打瞌睡，头发就被拽住，扯得头皮生疼。这样一来，困意被赶走了，人也就变得清醒。为了免受皮肉之苦，他也不敢再打瞌睡了。

其实，苏秦和孙敬都不是自控力很强的人，否则他们就不需要用这种带有自残性质的方法来约束自己了。而像小辛这种意志力差，又舍不得让自己吃苦的人，就只能任凭诱惑肆虐，拖延横生。

那么，如何增强意志力呢？

1. 小睡一会儿

意志力是有限的，用完之后需要一定时间才能恢复。比如，一个人打算一口气读完一本书，但是读到一半的时候，因为疲惫或者觉得任务太重而意志消沉。但是如果让他小睡一会儿，或者听几首轻松的歌曲，他完成任务的意志又会重新昂扬。所

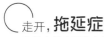

以说，睡眠是恢复人意志力的最好办法。

也许你完成某件事的意志力已经被拖延症消磨得所剩无几，但只要你安静地睡几十分钟，甚至是十几分钟，意志力就能够得到极大的恢复。

2. 给行动设限

就像"头悬梁，锥刺股"典故中的主人公一样，让自己的行动受到限制，注意力分散的可能性就会小很多。这是一种通过外力的介入来增强意志力的方法。

如果你是那种总是无法自控地浏览网页、跟网友聊天的人，可以试着在学习时远离手机和电脑。当然，如果你仍然无法控制玩手机或电脑，可以在开始看书之前把手机放到另一个房间，然后把网线拔掉，把电脑电源的插销也统统拔掉。如此一来，当你转移注意力，想玩电脑或者网聊时，会因为懒得去连接网络、插电源插销而放弃。

就像把一个不停吃东西的肥胖者关在一间只有一瓶矿泉水和一本书的房间里，也许最开始他非常不适应，但他慢慢会发现，自己不停吃东西的不良习惯得到了改善，工作和学习的效率也有所提高。

给自己的行动设限，其实是一种最简便易行的抑制诱惑的办法。

3. 重要的事放在早晨做

一天当中，人在早晨的意志力是最强的，做事情也最容易全力以赴。如果你能养成早晨做计划，上午完成一天中的大部分工作的习惯，就算下午偶有拖延，也不会有太大的损失。

古人早在几百年前就告诉我们"一年之计在于春，一天之计在于晨"的道理。如果你每天早晨一醒来，就做好一天的工作和学习计划，每天只要做好三件最重要的事就好，其他的事可以缓做或者不做，你就会发现，虽然你做的事少了，但是效率变高了。而这正得益于你在早晨做计划。

4. 及时给自己惩罚

仍然运用"头悬梁，锥刺股"的典故来分析，"头悬梁""锥刺骨"其实就是两个主人公在对自己的拖延行为进行自我惩罚。拖延的人往往急于享受眼前的快乐，而不去考虑"完不成任务怎么办"。

让一个拖延症患者自我批评，对改善对拖延症往往不起作用。因为他可能越自我批评，意志力越差，行动也越迟缓。

但假如及时让拖延症患者受到惩罚，他们的拖延状况就会大大减少。

最典型的例子，有些父母在教育孩子时，告诉孩子如果不好好学习，期末考试后就不带他去游乐园玩。这样的惩罚太遥远了，往往起不到什么作用。如果父母能告诉孩子，要是今天晚上不把作业写完，就没有妈妈讲的睡前故事了，这种方法对孩子的督促作用就非常有效。

拖延症患者在学习和工作时，总是像在等待考官或者老板的宣判和惩罚。因此，如果没有及时的惩罚机制，拖延就会作为一种奖励出现。但如果有及时的惩罚，拖延就会还原它的本来面目，从而使人望而却步。

"战拖"小贴士

拖延症患者的意志力变得越来越差，与注意力被一再分散有着非常重要的关系。美国一份研究显示，员工在办公室工作时，大约每3分钟就要被打断一次。如此高的被打断频率，使人很难把精力全部放在要完成的工作上。而完成任务的意志力也会减弱。

比如，一个人正在公园打太极拳，如果总是有人走过来打断他，他可能就会放弃原来的晨练计划，改为散步或者跟别人聊天。

心理学家认为，一个人处理和应付干扰的能力有限，如果反复被打断，大脑工作记忆的原始信息就会不断流失。这一部分信息一旦流失，要想找回，就需要再付出更多努力了。一个人对某件事的热情一旦失去，就很难再重新燃起热情。

第9堂课
拖延会让你没朋友、恐惧社交

有人说，拖延是最严重的拒绝。

没错，如果有人求你办一件事，你表面上爽快地答应了，但是回过头来却一直拖延，那什么都不用解释，从你一直拖着的行为中，对方很快就知道你是在拒绝。直到有一天，你拖得实在无法再拖了，终于忍不住向对方表示歉意，却发现对方的态度很随意，不再像当初那样客气。其实，对方早已经对你不抱希望。

接下来的日子，你继续拖延。直到有一天，你发现自己连跟对方打招呼的勇气都没有了。而且你开始发现，那个求你办事的朋友已经很久不和你联系了。你突然感到，他好像昨天刚联系过你，又好像已经一个世纪没有联系你了。

总之，那个朋友你算是丢了，彻底地丢了，因为你直接用拖延拒绝了对方。

拖延除了让人体会到你的拒绝之意外，还会让人对你的诚

信产生怀疑。因为，你的敷衍在别人看来更像是一种欺骗。当你的拖延症开始被他人意识到时，别人便会开始担心你的执行力。在很多成功者的印象里，一个有拖延症的人，执行力往往好不到哪里去。这样的人往往是被人嫌弃的。拖延真的就像一粒毒药，让你所有的朋友渐渐厌倦你，然后离你而去。

因为耽误了别人的事，你在自责和内疚中生活。在与人交往的过程中，你开始退缩。因为你害怕人际关系会在自己的拖延中消耗殆尽。你害怕有人有求于你，而你却没办法满足别人。所以，你害怕与更多的人接触，害怕与人更亲近。

女孩 Mary 在一家上市公司做出纳，每天朝九晚五，上班下班的时间比较规律。虽然偶尔加班，但是生活还算比较安逸。

然而令 Mary 隐隐担心的事情是，她发现自己的朋友越来越少。当她在工作和生活中有了困惑时，身边连个倾诉的人都找不到。除了 Mary 的老公能抽出时间跟她聊聊天外，其他时间她都是独自一人。

上大学时，活泼好动、外向开朗的 Mary 认识了很多朋友，建立了有些人一辈子都不可能建立起来的人脉关系。在进入社会的头两年，Mary 时常跟一些朋友聚会。但每次聚会时，Mary 都会迟到近半个小时，甚至更久。

有几次重要的聚会，Mary 因为迟迟不能决定该穿哪件衣服，该梳哪种发型，足足拖延了两个小时，等 Mary 风风火火地赶到聚会地点时，发现大家早已经吃完饭离开了。几次下来，就

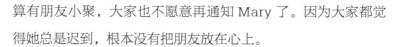

算有朋友小聚，大家也不愿意再通知 Mary 了。因为大家都觉得她总是迟到，根本没有把朋友放在心上。

大家开始认为，Mary 不但没有时间观念，还是一个不尊重朋友的人。

而对于 Mary 来说，频繁迟到也大大地打击了她的社交自信心。她会因为害怕迟到而不再参加同学或朋友的聚会。当有朋友约她出去玩时，她会找各种各样的借口拒绝。时间一长，Mary 的朋友圈越来越小，除了身边的几个同事，很多朋友都不再联系她。

事实上，正是拖延症破坏了 Mary 的交往能力。如果不是因为拖延，Mary 也就不会总是迟到；如果不迟到，她就不会失去一个又一个朋友。心理学家发现，从大的社交角度来说，一个有拖延习惯的人会被自己身边的小事情缠住，从而无法参与到更多的社会交往中去。当有人主动邀请时，他们会觉得这是一种负担和压力。于是，他们开始退缩。

心理学家把人际交往定义为一种社会交换过程。交换的基本原则是：个体期待人际交往对自己是有价值的，在交往过程中得要大于失或等于失，至少别太小于失。

拖延习惯让一个人在进行人际交往时，失去的远远大于所得。比如，拖延症患者因为经常迟到，所以经常受到别人的指责和嘲笑。即使是交往的过程很愉快，拖延症患者也会因为挥之不去的自责和内疚情绪，体会不到与人交往的快乐。

拖延症患者经常无法如期完成任务，因此他们会比其他人面临更多的失败和责难。而减少人际交往活动，便可以减少周围人对自己更多的探知，拖延症患者以此减少自我暴露的深度和广度，从而使自己拖延的缺点不被人发现。

拖延症患者长期拖延，他们内心深处的自我贬低意识已经根深蒂固。他们害怕优秀者介入后威胁自己的利益，从而对人际交往产生厌恶和恐惧心理。拖延症患者害怕不拖延的人来指责自己，更害怕他们的存在，使自己显得无能。于是，回避与人交往，则成了他们自我保护的一种形式。

"战拖"小贴士

拖延使人与人之间越来越疏远，还有一个很重要的原因，即很多人完全依赖于线上交流，于是忽略了现实中人与人面对面时的沟通和交流。

有很多人会指着一个游戏账号说："这个人，是我朋友。"

事实上，他们连面都没有见过，只是在游戏里聊了两年而已。假如所有事都能在网络中解决，可能我们就更加不愿意面对现实生活。要知道，在社交网络中流连的时间越长，我们做事情时拖延得就越严重，工作和学习的效率也就越差。

第10堂课
拖延正一步步毁了你的健康

"也许我很早以前就应该来看医生，但是我一直没时间，就一直那样拖着。直到有一天，我忍不住了，走进医院一检查，医生说我是宫颈癌晚期。"

"其实我的胃病一开始很轻，但是我真是太拖延了，足足拖了一年才来医院。如果早半年来医院该多好呀。但是现在太迟了，医生要给我做手术，切除四分之一的胃。"

拖延毁掉了人们的健康。原本并不严重的病，被拖延症患者拖成了重病。很多不起眼的小病，因为拖延而不断加重，最后，有些疾病还成了不治之症。而生命和健康就是这样被拖延一点点吞噬掉的。

尤其是女性朋友，她们为了家庭和事业每天忙得团团转，很少留出时间来关心自己的身体。当她们身体不舒服时，就会怕麻烦，总是以"回头再说吧"为借口一拖再拖。女性的很多妇科疾病都是拖出来的。为了不让拖延成为女性健康的一大杀

手,请你在身体不适时放下你的工作和家庭,马上就医。

除此之外,拖延症对人健康的危害还体现在睡眠方面。

有些人因为前期拖延了工作,就会在截止日期前拼命加班,即使到了晚上也不睡觉,以期能按时完成任务。但是,多年来科学家和医生的研究报告显示,不断提高人体的压力激素水平会影响人的正常新陈代谢。如此一来,人就很容易出现疲劳、嗜睡等症状。美国心理学博士简·博克在他的《拖延心理学》一书中写道:"睡眠不好,大脑就无法正常运作,那样你很可能就会遭遇到睡眠不足所带来的一些典型症状——对挫折的容忍度很低,无法集中注意力,能量不充足,易怒以及拖延。"

没错,如果你用拖延打扰了自己的睡眠,就会对你的身体造成一系列不良影响。别以为仅仅只是少睡几个小时那么简单。我们每个人身体里的生物规律一旦被打破,身体的抵抗力就会降低,就更容易感染疾病。比如一个熬夜的人很容易在第二天或者第三天感冒发烧。

最令人无法忍受的拖延是,有的人即使困了也不睡觉,一直要拖到累得不行、眼睛睁不开了才睡;有的人一直拖着不喝水,一直到渴得要命了才去喝;有的人有了尿意后,憋急了才去厕所;还有的人累了才肯休息。这样的习惯都会对健康造成很大的危害。

还记得你喜欢的运动吗?你一定给自己制订过不少运动计划,你现在还在坚持吗?如果一项运动你已经坚持了两年,那么你可以奖励自己一个大大的礼物，别在乎花多少钱。但是我相信没多少人能坚持得住。因为我们都是拖延症患者，拖延让运动计划不知不觉地失踪了。可能很久以来，你都没有想起过它们。

因此，把你的计划写在纸上，并且每周提醒自己一至两次。一个长期坚持的、不被拖延打扰的运动项目，会让你的身体再次健康起来。但前提是，你已经战胜了拖延。

> **"战拖"小贴士**
>
> 如果你经常在醒来后不久感到疲惫，即使你的睡眠足够充足，你仍然非常困，这很可能是生理的疾病，你需要立即看医生。

第11堂课
拖延是病，但很多人不治

大学毕业一年，在某公司实习的小克是个中度偏重的拖延症患者，他把自己周末在家的一天写在了朋友圈里。

上午9点：过半小时再叫外卖，反正今天不上班，晚点吃也没关系。等吃完饭，再跟妈妈视频聊聊天，然后就把要写的论文写一写。下午看看书，约隔壁的朋友打打球。一天之计在于晨，我要好好利用自己的一天。

上午10点：唉！时间过得真快，再刷几集网剧再说。

上午11点：再刷一集吧，男二再有一集就死了。反正已经晚了。早饭和午饭一起吃算了。

中午12点半：现在吃午饭还太早，再等会儿吧。要不然先跟妈妈视频一下？或者写一会儿论文？唉，算了，饭都没有吃，还是等吃了饭再说吧。

下午2点：这回我是真的饿了，但是吃什么呢？

下午4点：没事，天还早呢，只要天黑前我叫个外卖就行了。不用跟妈妈视频了，她应该挺好的。论文晚上写也可以，反正来得及。

下午6点：天黑了，要饿疯了，竟然一天都没有吃饭！唉，已经饿了一天了，再多饿一会儿也无所谓了。再玩一会儿手机吧。要不然先把论文文档打开？唉，算了，饿得头晕，哪儿有心情写论文！

晚上8点：救命呀！叫外卖还要打开软件，还要选吃什么，好麻烦啊。继续刷视频……

晚上10点：终于美美地吃到一碗面条。如果不是已经饿得

第二章 拖延毁掉了你的所有

胃疼了,我不会叫外卖的。

晚上11点:今天的计划是写论文,要不打开文档开始写?算了,这一天人都累死了,还是早早睡觉吧,明天是周日,还有一天呢。但明天,我想我会继续重复今天的过程。

很多拖延症患者像小克一样,不是没有计划,而是一件事拖延下来,其他所有的安排都跟着推后。

你看,不只是没有计划的人会拖延,有计划的人同样会拖延。

没计划的人会忙东忙西,忙完一堆事情后才发现自己只是在做一些无关紧要的事情。而有计划的人从一开始就知道自己在做什么,但他们中的一些人就像掉入了拖延的怪圈,一边催促自己快点行动,又一边安慰自己:"还有时间,过一会儿再说。"

虽然拖延症患者经常对天发誓,以后绝不再拖延,但下次,他们仍然会继续拖下去。

有人说,拖延只是现代的产物。当今社会,信息铺天盖地,我们被纷纭杂沓的信息和瞬息万变的事物搞得精力分散,从而无法将精力专注在一件事情上。事实上,以前拖延的人也很多,只是很少被人们记录下来而已。

有记载的拖延大王,就是以画家身份传世的天才达·芬奇。

当年,达·芬奇在他的小本子上写写画画,一个又一个超越时代的创意被他记录了下来。从新型的时钟到双身船,再到

飞行器、各种光学仪器等。写下各种各样的创意的笔记，加起来多达 5000 多页。

但是，达·芬奇是个重度拖延症患者，他的那些好点子，有的想了很多年，有的修改了上千次，但最终一个也没能落地。由于严重的拖延，他留给后世的名画《蒙娜丽莎》画了四年才完成，而另一幅名作《最后的晚餐》则用了三年。

令人遗憾的是，直到达·芬奇去世时，他手上仍然有五六幅没来得及完成的画作。达·芬奇自己也非常苦恼，据说达·芬奇临终时，问他身边的人："告诉我，告诉我，有什么事是完成了的。"

如果没有拖延症，达·芬奇会有更多的画作留给后世。

从达·芬奇的事例我们不难看出，拖延并不是现代社会独有的。在没有网络、手机的时代同样存在，只是这种情况一直被人们忽视罢了。

现在，很多心理学家否认了"拖延到最后一刻，就会有更多灵感和更多能量爆发出来"的说法。

在美国俄亥俄大学，有一位心理学家曾对学校的 116 名学生进行观察研究。他把观察到有拖延症的学生分为三种，即严重拖延、普通拖延和轻微拖延。在这些学生中，严重拖延型学生在各方面的表现都比那些普通拖延型学生差得更多。

这位心理学家所分析的跟我们前面一章讲到的内容不谋而

合。他研究发现,那些有拖延症的学生,如果不拖延,根本就不知道要干什么。

有很多心理学家把拖延症跟抑郁症、强迫症、多动症、药物成瘾等诸多疾病联系起来。事实上,不管拖延症患者是否存在病理上的问题,都不应该被我们简单地说成习惯问题。假如真像有些人认为的那样,拖延症只是一种习惯,和疾病没有关系,那么拖延症也就不会如此顽固,成为全世界无数年轻人怎么甩也甩不掉的痛了。

国外一项统计显示,70%的大学生存在拖延问题,而50%的学生已经养成了拖延的习惯。不仅如此,在一般人群中,25%的成年人属于慢性拖延症患者。拖延不仅仅影响着拖延症患者的学习、工作和生活,还使他们的心理承受更多压力。

拖延并不是现代社会的产物,因此拖延的出现更多地跟人自身有很大的关系。

喜欢把该做的事尽量往后拖的人是慢性拖延症患者。

慢性拖延症分成"激进型"和"逃避型"。激进型拖延症患者有自信能在压力下工作,喜欢把事情拖到最后一刻以寻求刺激,激发更大的工作能量;逃避型拖延症患者缺乏自信,害怕做不好或成功后受到别人的关注而迟迟不肯动手,那些过分追求完美的人大多数是这一类拖延症患者。

"战拖"小贴士

外国学者对拖延症成因的解释分为三大类:

一是特质论,研究者把拖延视为个性特质的反映,受个体尽责性、特质焦虑、懒惰、低自我效能感等个性根源影响;

二是动机论,研究者认为期望水平、完美主义倾向、自我妨碍和自律需求都会影响个体的拖延行为;

三是调节论,研究者将拖延视为行为自我调节的失败,是个体不能很好地协调个性、动机、认知与情境因素的结果。

测测你的意志力

你是否每个月都给自己定一个计划?

比如赚到多少钱,为家人做多少件事,坚持运动多少天,等等。但是你都做到了吗?你是把自己的计划都完成了,还是让大部分计划都还只在纸上躺着睡大觉?

也许你认为自己是一个挺有意志力的人,但是你真的是个有意志力的人吗?不如来做一做下面这个心理测试吧!

1. 你在同事家中做客,面前放着一盒打开的饼干。你很想吃那盒饼干,但是同事并没有允许你吃。此时,同事去了洗手间,你会怎么做呢?(　　)

A. 偷偷吃一块饼干,再拿几块饼干放进自己的口袋里。

B. 一块接一块地吃。

C. 静坐,不会吃。

D. 在心里说:"什么饼干?同事会请我吃可口的晚餐!"

2. 假如你有一个室友,你的室友离开房间时,未及时关闭电脑的微信聊天界面。一直以来,你很想知道室友每天都在和谁聊天,你会( )

A. 立即打电话给他,告诉他,他的微信没退。

B. 坐到电脑前津津有味地看,直到内疚感令你停下来。

C. 急不可待地偷看,发现室友在说自己的坏话时,马上去质问室友。

D. 不让自己去看,明白那样是不对的。

3. 你从室友的电脑里发现了很多秘密,非常想马上跟别人分享,你会( )

A. 立即告知另一个朋友,说室友做了一件不利于他的事。

B. 不会告诉别人,但会让室友知道你发现了他的秘密,使他不敢太狂妄,做事时有所收敛。

C. 什么也不做,你和室友是好友,又同住一室,所以你能守护他的秘密。

D. 你想忘记室友的那些秘密,但又忘不掉,很可能会求助于心理专家。

4. 你正努力攒钱,打算买车或者买房,但逛商场时,你看中了一件非常适合自己的衣服。你会( )

A. 每次经过那店铺时都强迫自己不去看,直至最后没了购买欲望。

B. 找人去订制，做一件一模一样的衣服，这样你觉得价钱便宜很多。

C. 什么都不考虑，直接买下那件衣服。如果花销太多，宁愿在其他事情上节约用钱。

D. 放弃它，没有任何事会比你的攒钱计划更重要。

5. 你深信自己爱上了一个人，但他（她）只在孤独寂寞时才想起你。在一个雷电交加的夜晚，他（她）要求和你见面，你会（　　）

A. 立即去见他（她），就算外面雨再大，困难再多，你也觉得跟见到深爱的人相比，都算不得什么。

B. 挂断他（她）打来的电话，你觉得，自己需要一个更适合自己的人。

C. 去和他见面可以，但是你会先要求他（她）必须在以后的日子里好好对待你，不能再像以前那样冷漠。

D. 不会去见他（她），你知道自己的原则在那里。

6. 你会为了自己在生日宴会上许下的诺言，一直努力下去吗?（　　）

A. 只努力几天，差不多十天左右就忘记了。

B. 维持 2~3 年。

C. 生活太枯燥了，根本没有那么多精力去实现什么诺言。

D. 到适当的时候就违背它。

7. 假如你是一个自由职业者,多劳多得。若你能在早晨6点钟起床开始工作,晚上就可以早点儿休息。这样一天下来,不但可以有更多时间休息,还能完成更多的工作。你会( )

A. 虽然闹钟在6点准时响起,但是你太困了,不到8点你是起不来的。

B. 你会把闹钟调至5点半,这样你就可以在6点钟准时起床工作。

C.6点闹钟响了,你会在床上赖上半小时,然后起床洗个热水澡,这样便能清醒地投入到工作中。

D. 算了吧,什么也不如睡觉重要。

8. 领导要你在一个月内完成一项重要任务,你会( )

A. 在接到命令后5分钟立即开始工作,这样就会使自己有更充足的时间。

B. 限期三天前才开始工作,因为你觉得三天足够了。

C. 每次想动手时都有其他事打扰到你,你每次都焦虑地告诉自己还有一个月的时间。

D. 立即开始工作,并确定在限期前两天完成。

9. 假如你有一个私人医生。他建议你多做运动,你会( )

A. 只在最开始的一两天里做运动。

B. 每天拼命运动，直至支撑不住。

C. 每天会去散步，但是走到街头会忍不住买可乐喝，然后打出租车回家。

D. 最初几天根据医生的指示去做，待获得医生认可后，便放弃。

10. 同事提议通宵 K 歌，但是你需要第二天早晨 6 点起来工作。你会（ ）

A. 唱到晚上 9 点半，然后回家睡觉。

B. 拒绝同事的要求，按时回家睡觉。

C. 视情绪而定，要是太累了就把工作拖一拖。

D. 陪同事唱到通宵，回到家倒头大睡，才不管时间和工作。

评分标准：

选 A 得 4 分，选 B 得 3 分，选 C 得 2 分，选 D 得 1 分。

参考结果：

18 分以下：你并不是一个没有意志力的人，只不过你更喜欢做一些令自己感兴趣的事，对于能即时获得满足感的工作，你会坚持下去。你是很想坚持计划的，可惜你很少能坚持到底。

18～30 分：你是一个顾全大局的人。对于何时该玩乐，何

时该好好工作,你是有分寸的。相对于那些没什么意志力的人来说,你是那种意志力基本达标的人,但遇到吸引力特别大的事物时,贪玩之心会战胜你的意志力。

31~40分:恭喜,你的意志力惊人。任何人或者任何事都不能改变你决定好的事。但需要提醒的是,在某种情况下,过于执着会变得固执。因此,你可以试着让自己变得灵活一点儿,这样生活也许会更有趣。

第 三 章

拖延到底
是怎么来的

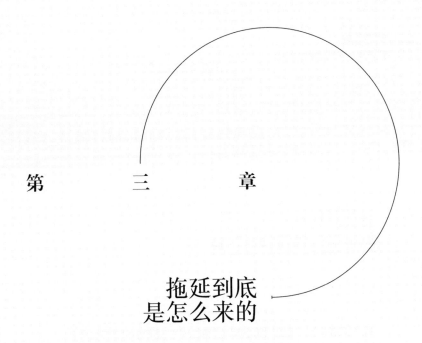

我们一直在说生活、工作、学习中各种各样的拖延现象,但你知道拖延背后的根源是什么吗?

第12堂课
从拖拉到拖延的发展

我一直认为,所有拖延症患者的拖延症都不是天生的。

通过观察小孩子,我们会发现,越小的孩子目标越明确。比如,有一天,宝宝不经意间喜欢上了妈妈的梳子,一个念头引导他马上伸手向大人要。如果大人不给,宝宝会通过哭泣、抢夺、就地打滚等方式来表达自己顽强的意志力,以期让大人妥协。

孩子的注意力非常集中,目标也很专一,就是一定要那把梳子,而且必须是妈妈手里的那一把。在这期间,如果大人用其他东西来扰乱孩子的注意力,往往很难奏效。当然,如果父母长时间干扰孩子的注意力,孩子便不得不接受另一把不一样的梳子。孩子没有拖着自己的想法,而是完全放弃了之前的想法。因此,自始至终,孩子都没有拖延。

孩子获得了自己想要的东西,马上又会喜笑颜开。但是随着孩子渐渐长大，他们开始出现拖拉的习惯。比如，有的孩子一边吃饭一边玩，吃一顿饭要花上好几个小时；还有的孩子晚上临睡前拖拖拉拉，花很长时间才能入睡。

这样的孩子，等到他们上学以后，就会出现不按时完成作业、上学迟到等问题。而在学习方面，这些孩子的学习效率开始下降。对于不喜欢、不想做的事，他们会产生抗拒心理，于是便会出现拖延。

一个不拖延的高中生一小时能复习15页课文，一个开始拖拉的高中生一个小时只能复习5页甚至更少的课文。慢慢地，有拖延习惯的孩子的成绩越来越差。

成绩好与坏，有时候跟孩子的智商没有太大关系，而是跟他们学习效率的高低有很大关系。

曾经有一项国际调查显示：一个低效的人与一个高效的人，效率可能相差10倍以上。但很多人往往把孩子成绩差归结到学校的教育或者孩子的智商上，并未关注拖延的影响。

1. 做事不利索、速度过慢、跟不上节奏——拖延症

直到有一天，孩子长大成人，他们开始发现自己变成了一个拖延的人。从拖拉到拖延的变化悄无声息，很多人看似是一夜之间变成了拖延者，但实际上，每一个拖延者都是由最初的拖拉开始的，只是最初的一段时间被大家忽视了。做事不利索、

速度过慢、跟不上节奏，都有可能成为拖延症的前提条件。

做事速度慢、跟不上节奏进一步发展就是拖延症。

2. 只对自己的事拖延，所有的事都会拖延

在心理学中，有一个名词叫"泛化"。

比如有一位妻子，最开始时，她只是不喜欢丈夫的大胡子。但是到后来，她看见大街上所有男人的胡子都会觉得不舒服。再到后来，她不但看到男人的胡子会不舒服，看到所有黑黑软软的东西时都会觉得不舒服。

而人的拖延习惯也是一样，很多人一开始只是对自己的事拖延，对于别人的事会比较上心。但是到了后来，不管是对自己的事还是别人的事，他们都会拖延。

拖延症患者最初是由对个人事务的拖延，慢慢过渡到对别人事情的拖延。

3. 犹豫的拖沓——拖延

世界首富比尔·盖茨曾说过："一旦做出决定就不要拖延，任何事情想到就去做！立即行动！"毫无疑问，你只有立即行动，才有可能克服拖延。

但拖沓者在向拖延者转化的过程中，很多时候只是因为最初的不断犹豫。

比如，某天你接到了一项任务，但是不知道这个任务顺利不顺利，对困难的预期让你心里感到不愉快。你觉得心情不好，于是你开始犹豫：要不要做呢？到底好不好做呢？

思想上的犹豫正是你拖延的开始。因为接下来你的大脑就会悄悄地发号施令："推迟一下，以后再说吧。"于是，你便打算推迟这项任务，紧接着你的行为就成了拖延行为。

"战拖"小贴士

拖延症患者一定是做事效率不高、办事拖沓的人。当然，这种说法比较适合那种虽然一直在行动中，但是学习或工作效率却比别人差一截的人。

如果我们完成任务的时间被拉长，无数干扰完成任务的因素就会有机可乘。而假如一个人能快速做完一件事，干扰就没办法见缝插针了。

第13堂课
自信力匮乏的人，往往会拖延

小丽是1998年出生的，我认识她的时候，她还在上大一。那时候跟她闲聊，她说毕业后想做行政工作或在企业里做公关。转眼几年过去了，小丽已经毕业两年了，却一直没有工作。

有一天，我们在国家图书馆偶遇。我问她为什么不上班。小丽不好意思地笑笑说，因为现在各大公司的要求都比较严格，怕自己进去以后，受不了公司的约束。

我当时便建议小丽选择一个工作形式比较灵活的公司。但是她很快表示，很多企业招聘都要求是名校的研究生，自己只是一个普通大学毕业的本科生，很难进入好公司。小丽说，这也正是她一直没有找工作的原因。

毕业后不找工作，自己创业的人也很多。

但小丽的情况是，她总觉得自己的学历不够高，能力有限，长相也太普通，所以不去找工作。

接下来的谈话中，小丽说自己很想快点儿工作，但是总觉得自己还没有准备好。她说这两年里，她研究了很多家公司的招聘信息，但终究因为自信心不足，而一再拖延求职和面试的时间。

"等下个月我把这本《世界通史》看完再找工作吧！这样我的知识会更丰富一些，面对 HR 也许会更从容一些。"

"等年底的时候再找工作吧！那时候离职的人多，很多企业都比较缺人，就算我不怎么优秀，也肯定能被录用。"

"年底大家都忙着做年终总结，HR 哪有心思面试我呀！算了，等过了年再说吧。"

"年也过了，大家都上班了，各公司人员也配齐了，就算投了简历估计也很难被录取。与其自取其辱，倒不如多给自己充充电。"

就是这些不自信的想法，让小丽一次又一次地放弃了找工作的念头。

一个人总是躲在自己的小角落里，总害怕受到伤害，就会跟各种机会失之交臂。因为不断失去机会，也就很难自信起来。而小丽就是这样的人。她总认为自己的状态还不够好，知识还不够丰富，其实这就是拖延。

1. 拖延产生的根本原因之一，便是不自信

有一类人因为过于自信而拖延，还有一类人因为过于不自

信而拖延。

不自信的人还有一个很明显的特点，便是经常以自己构想的视角去看问题。这一点在小丽身上也体现得淋漓尽致。她很少客观地分析问题，也很少亲身去体验，而是经常用自己构想出来的结果打消自己前进的念头。

比如，她会对自己说："那家公司的笔试题肯定特别难，到时候如果我很多题都答不出来，人家肯定认为我是去捣乱的。"

其实，如果真正去做，事情的结果将会有很多种可能，虽然不一定能成功，但至少还有希望。假如我们不去做，事情就只能有一种结果——失败。因此，对于一个缺乏自信的拖延症患者来说，建立自信是当务之急。自信心建立起来了，你的拖延症也就治好了一大半。

2. 建立自信，首先要明确自己的人生目标

人生最悲哀的不是贫穷，也不是疾病缠身，而是没有目标。没有目标的人就像无头苍蝇，到处乱撞。这就是这一类拖延症患者，每天明明都很忙碌，却没有做出任何成绩的原因。

人生目标是人一生中为之奋斗的事，是人一生中的航向标。只有你有了一个准确的、清晰的人生目标，你才会向着那个目标坚定不移地前进。对于一个没有自信的人来说，明确自己的人生目标是一件相当重要的事。

很多人认为，人生目标一定要是宏大的。在我看来，这完全没有必要。

比如，有些人把自己的人生目标设为"不断超越自己"。有这种目标的人，每一天都在为这个目标而奋斗。只要今天的自己超越了昨天的自己，他们就会感到满足，自信心也就会越来越强。

3.通过小事的成功积累自信

"高不成，低不就"是用来形容那些大事做不成、小事又看不上的人。而对于一个常常自卑、缺乏自信的人来说，争取每一件小事的成功，则是逐步建立自信的最好方法。

小事虽小，成功后带来的喜悦也不那么强烈，但小成绩累积起来带给我们的成就感是巨大的。

有一座山，东侧每节石阶的高度是 15 厘米，西侧每节石阶的高度是 1 米。小伙子 A 从东侧上山，每迈上一节石阶，就等于向上攀登了 15 厘米。而小伙子 B 是一个不屑于做小事的人，他决定从西侧上山。他认为，小伙子 A 每迈一步是 15 厘米，而自己爬一次就是 1 米，用这种方式爬山，肯定能比小伙子 A 更快爬到山顶。

但是，小伙子 A 轻轻松松地爬到了整座山的三分之一，爬累了就休息一下再接着爬。小伙子 A 爬上山顶的信心，在每一个小台阶的成功中变得越来越坚定。

但是小伙子 B 就不一样了，他每爬一个台阶就要用尽全身的力气。每爬完一个 1 米的台阶，他就需要休息很长时间，爬完七八个台阶以后，小伙子 B 的自信心被彻底击垮了，他无法体会到向上攀登的快乐，于是便早早放弃了。

小事的成功，不仅会让你积累自信，还会为你积累成功。

4. 积极的自我心理暗示

心理学家认为，长期不自信的人会产生焦虑、紧张、痛苦、自责、内疚等负面情绪。而这些负面情绪会对人的生活、工作和学习造成很大的影响。因此，积极的自我心理暗示是非常有必要的。

别怀疑，你完全可以像一个"厚脸皮"的销售员一样，每天对着镜子笑，然后说"我是最棒的""我能行"。积极的心理暗示能够让你一扫自卑的阴霾，使你相信自己的能力，从而促使你快速行动，不再拖延。

很多不自信的人总是企图从他人那里获得更多的肯定和鼓励。

事实上，没有人必须或者有义务给你鼓励。很多人对你的错误和胆小自卑，不但不会给予鼓励和帮助，还可能会百般嘲弄和挖苦。如果寄希望于别人，你只能继续失败，继续自卑。

只有你能对自己负责，真正的肯定来自你自己。

"战拖"小贴士

缺乏自信心会使人拖延,而拖延反过来又会影响人们的心理和精神。它会使人的自信进一步降低。人们会在拖延中滋生出更多挫折感和自我挫败式的思维方式。同时,还会做出固执、荒唐的选择,妨碍我们对自身能力的评价。

当一个人因为缺乏自信而一再拖延时,他的内心会因此而产生更严重的内疚、自责和心理冲突,从而加重拖延。心理学家发现,当一个人受到低效情绪困扰时,做事的效率会更低。而令人担忧的是,这种恶性循环则是各类神经症的明显特点。

第14堂课
你经常因为拖延而说谎吗

我有一位做销售的朋友,有一天他发了一段话给我。

"做销售的第二年,我花了半个月的时间拉到了一个在上海开公司的印度客户。当我把那份 120 万的订单交到老板手上时,

他非常满意地拍拍我的肩说：'干得不错，继续努力。'虽然那份订单的数额并不是特大，但是对于我们公司来说，真的是一笔不小的生意。

"我是销售，负责拿下客户，其他工作我不管，都由老板负责，所以我没有再过问那笔订单的事。到了交货的日期，客户开始催货。我以为公司已经安排物流发货了，便马上询问老板到底是什么情况。

"没想到，老板和颜悦色地告诉我，货已经做好了，过几天就发货。既然货已经做好了，发货肯定就是很容易的事了。于是我赶紧安抚客户。但一周以后，客户又来催货了。我马上跑去问老板货是不是已经发了物流。结果老板仍然告诉我，货已经准备好了，过几天就发，让对方再等等。

"我心想，一定是工厂那边拖延了，不如我自己到工厂盯一下。等到了工厂，我才发现几百件货才刚做了一半。原来车间的员工一直在忙临时加进来的订单。天呐！

"随后的几天，客户不断打视频反复催我。我心急如焚地问老板怎么办。老板却淡定地对我说：'不能让客户觉得我们没有信誉，再找点别的理由让客户等等吧，想办法再把客户拖一拖。'

"后来，我发现公司整个团队拖延的问题非常严重，好几份订单都一直拖着没做。有的客户直接派人跑过来催，有的客户一遍遍打视频电话催，但老板却一直让我们告诉对方，过几天就好。

"这个大拖延老板一直把事情往后拖，又叫我们跟着他一起说谎骗人，我真是快崩溃了。一家公司有一个这样的老板，迟早会倒闭。"

朋友一边跟我倾诉，一边说要辞职不干了。他说，他对那个拖延还说谎的老板已经忍受到了极点。

那么你呢？作为拖延症患者，你是否也像那位老板一样，经常说谎呢？

明明没有行动，却总告诉别人："马上就要完成了，再等等。"虽然你知道这样做是不对的，但是你已经习惯了这样做。如果不说谎，你马上就要面临谴责和质疑。

令人无法忍受的是，你往往会一边说谎一边拖延。说谎对于你来说是一种应对策略，也是一剂强有效的自我安慰药，正因为这样，你的拖延才会一直继续下去。

在工作中，拖延症患者不但自己痛苦，与他合作的人，或者他身边的同事、朋友、家人也会深受其害。因此，我那个做销售的朋友才会直呼崩溃。

然而在拖延产生的根源里，撒谎也是其中重要的一个。也许你以前从来不拖延，但喜欢撒谎的性格促使你拖延。在一个人的行为模式里，会形成这样一个循环：喜欢撒谎——没有做事——撒谎——免于惩罚——继续拖延——撒谎……

这是一种恶性循环，在撒谎和拖延的过程中，拖延者成功保护了自己。因此，他们撒谎和拖延的行为被一再强化，最后形成了习惯。只要有机会撒谎，就开始拖延；只要一拖延，就开始对别人撒谎。

而拖延症患者最大的特点，便是对自己说谎。

有一位家庭主妇，她不想赴朋友的约会，于是她对自己说，只是一次约会而已，就算不去，我也不会有什么损失。实际上，她清楚地知道，不参加约会，好朋友会失望、不高兴，会影响和朋友的关系，也会影响下一次约会。但是她就是告诉自己："没关系，这次约会不重要。"

拖延症患者认为，明天再去做一件事，会比今天做更好。所以，我们会把很多事情放到明天去做。但实际上，我们不得不承认，自己的每一天都没什么区别，无所谓哪天更好。

比如，总也减不掉体重的人，每当面对美食时，都知道这些东西吃了就会长肉，但仍然安慰自己说："偶尔吃一次没什么，等下次少吃点。"结果下次依然如此。

拖延症患者的谎言还在于，我们觉得自己在紧迫的时间里会做得更好。事实上，每当我们赶工时，总是抱怨说："这么短的时间，根本不可能做得多么出色！"

撒谎只是暂时遮盖问题，但纸终究包不住火。

> **"战拖"小贴士**
>
> 要想让一个谎言圆满,人们往往需要编出更多的谎言。于是,有些人即使没有拖延,也会随口说出一些谎言。要知道,说谎也会上瘾。

第15堂课
早期教育对拖延的深刻影响

回忆一下,在你的幼年时期,是否有过以下经历:

妈妈做任何事都是匆匆忙忙的。有时候,她好不容易带你去逛一次商场,你还没有来得及仔细欣赏一下那些让人眼花缭乱的商品,她便急匆匆地拉着你离开了。

你心里抱怨,为什么不能再多待一会儿,为什么一定要这么着急呢!

有时候,你跟着父母到饭店吃饭,你悠闲地品尝着美食,却被他们严厉地警告:"快点儿吃,别的小朋友都那么快,就你

这么慢,吃完我们还要去办事,快点儿!"于是,你心中的不满再次出现。

在很多人的头脑中,父母大多数时候都在催促自己快点儿写作业,快点儿睡觉,快点儿吃饭,快点儿回家,快点儿长大,快点儿找工作,快点儿结婚,等等。

无数次被大人催促后,你开始在心中暗暗发誓,你不要这么快,你要慢下来,你做任何事都不要像大人一样着急。于是,你性格中的叛逆成分越来越多,尤其表现在应该快速行动却还是磨磨蹭蹭上。如果你的父母刚好是性子特别急的那一类,因为你曾经对此深恶痛绝,所以你一定要跟父母不一样。

慢慢地,叛逆让你养成了拖延的习惯。在你的内心深处,不管拖延的后果有多严重,只要做到跟父母不一样,你都可以忽略不计。

这其实是你对控制倾向的反抗。你希望以自己的方式来控制自己的行为。当你用拖延表达了自己对父母权力的不满和反抗,父母又拿你没办法时,你会有一种前所未有的满足感。仿佛只有拖着父母的那些命令不做,你才是自己的主人。

最典型的一类人就是,父母逼婚逼得越紧,他们越缺乏交往异性的兴趣。父母等着抱孙辈急得要命,他们却一直拖着不找对象。而假如有一天,父母对他们带回家的心上人强烈反对,他们反倒坚定了那颗"一万年不变"的决心。

还一种情况是,你身边有一个优秀得近乎完美的兄弟姐妹,他(她)在你的童年生活中占有非常重要的地位。他(她)几乎做任何事都会得到父母的夸奖,而你似乎做任何事都引不起大家的注意。非常不公平的是,不管你做得多好,父母都看不到;而只要你做错了,或者做得不够好,父母就会马上拿你和他(她)做对比,然后说:"哎呀,你为什么总是这么笨呢!"

其实,你非常渴望成长为父母眼中那个优秀的孩子。于是,你希望自己做出的任何一件事、任何一个决定都像父母期望的那样完美。同时,你也非常害怕失败。因为一旦失败,就意味着要再一次被父母拿出来做对比,被兄弟姐妹嘲笑。

压力就像小山一样压在了你的身上。

以往的经验告诉你,你不可能比那个优秀的孩子做得更好。如果你真的行动了,面临的一定是失败。于是你开始选择拖延。因为,如果不做,就不用接受新一轮的评判。

我曾经遇到过这样一个来访者,暂且叫她小A。

小A是一个自尊心比较强的女孩。但是,她从懂事起就经常听到妈妈不断夸奖比自己大六岁的姐姐。随着年龄的增长,小A渐渐听到了更多来自长辈和邻居对姐姐的肯定和赞许。但与此同时,长辈们很少夸奖小A。

内心受伤的小A开始变得叛逆,她开始主张自己挑选衣服,晚上自己睡一张床。她希望通过自己的努力超越姐姐,以便获得

父母的肯定和表扬。但是，每当小A穿着自己挑选的衣服出现在家人面前时，就会迎来妈妈和姐姐的一阵嘲笑。她想向父母证明自己也非常优秀，但父母的态度让她无时无刻不感到压力。于是，她滑向了完美主义者的阵营，同时又开始变得拖延。

比如，每次妈妈要求她自己挑选一条裙子时，她总是犹豫不定，反复比较，最后又非常懊恼地认为每件衣服都不合自己的心意，于是一次次放弃买新衣服的权利。

当姐姐已经换过好几条裙子时，她仍然穿着几年前的旧裙子。她的想法是，要买就买一条完美的、能瞬间超越姐姐的，否则就一条也不买。要买就买最好的，否则就不要。

这种非此即彼的处世态度，正是拖延和完美主义者的典型特征。事实上，他们没有做到完美，只是一直把事情往后拖而已。

而另一种非常普遍的现象就是，父母在情感上对孩子表现得过于依赖。父母给孩子传输这样的观念："我是爱你的，我为你付出了所有，付出了一生。如果你离开了我，背叛了我，将会受到上天的谴责和惩罚。"

于是，在这种家庭中长大的孩子，会对家庭中的其他孩子提供更多照顾。同时，他们会为了家人而把学习或工作的事情推后。如果家庭成员有需要，他们很快就会做出以家人为中心、其他事情都先放下的决定。如果他们不能把学习和工作往后拖，把家人置于不顾，将受到父母强烈的谴责，他们自己也将产生非常强烈的内疚感。

直到有一天,他们长大了,有了更多的朋友,需要长时间地离开家了。但是早期教育已经深深影响了他们的思想,他们拒绝更多的人和事介入自己的生活中,因为这样的话,他们就要离家庭更远。

如此一来,他们的行为就代表了离开和背叛。

为了不让自己背叛家庭,他们开始把很多应该做的事拖后。这样,他们就可以回到家庭中,内心也无须再像之前那样忍受煎熬。

不管你是在哪种早期教育下长大的孩子,只要你有拖延症,就一定有原生家庭教育的原因在里面。如果在以上三种情况中,你找不到属于自己的那一种,则说明你的情况比较特殊。不过没关系,拖延症虽然有早期教育的深刻影响,但是只要你意志足够坚定,足够用心,足够努力,克服是没有问题的。

"战拖"小贴士

> 早期教育对一个人的影响非常深刻,但是它对每个人的影响程度也是不一样的。这就是很多在同样的环境中长大的兄弟姐妹却有着迥然不同的性格和处世方式的原因。

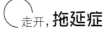

一个人的拖延习惯不仅受教育的影响,还会受到其他诸多因素的影响,比如会受到个性特征、生活习惯、生活环境、家庭背景、个人的意志力和耐力等因素的影响。

潜意识测试

这是一个关于潜意识的测试。想象一下,自己面前有一本老相册。轻轻翻开它,出现在你眼前的第一张照片中,幼年的你躺在母亲的怀里,香甜地酣睡。

相册里的第二张照片,是一张你在地上爬来爬去的照片。那么,接下来的第三张照片,你觉得应该是什么情景呢?

A. 坐在床上的你,身边有很多好玩的玩具。

B. 半躺在浴缸里,你正开心地洗澡,旁边还有塑料鸭子陪你玩耍。

C. 你正在老老实实地吃饭,但是是坐在儿童车里。

D. 你正在迈着小腿学走路,前面还有妈妈牵着你的手。

选择 A:在童年潜意识的影响下,你生活得比较压抑。

你经常做一些梦,梦中的你总是紧张和焦虑吗?父母会给你的生活划定各种条条框框,对于你在物质方面的要求,给予

你的满足程度通常是一半。父母希望你有一个好的自控力。

你的童年里没有几件玩具,不过至今你还保留着一些儿时的东西,你总也舍不得扔。

在你的童年里,父母工作比较忙,他们跟你之间的交流并不够温和。所以从很小的时候,你便学会了克制自己的情感。即使有什么情绪,也不会轻易表达出来。你是个优秀的人,只是童年时养成的思维方式,让现在的你变得谨小慎微。你生怕做错了什么事,总害怕父母或者周围的人对你有差的评价。

请别再带着童年带给你的影响生活,它已经让你压力很大。你内心的情绪能释放一些就释放一些,不要总是刻意隐瞒;在生活中,也许你的某些行为有点儿出格,但是做你自己才是最重要的。别那么在意别人的眼光,你是最棒的。

选择 B:你是一个快乐的人,在你的脑子里,没有什么不可以做。

你拥有一个快乐的童年。你的父母从未给你设立什么条条框框,他们充分尊重你的兴趣和爱好。如果你有什么需要,你的父母会尽力满足你,不让你有任何遗憾。这使得你是一个快乐的人,你的脑子里没有什么阴暗的东西。你的生活充满了快乐。

你对自己的认可度很高,常常对自己满意。美中不足的是,你很难接受别人的忠告。即使某些时候你觉得别人的指正是对的，也不愿意听取别人的意见。因此，你身边的人会觉得你是个很自我的人。

你很少受到潜意识的影响，但是你应该学会去接纳，学会放下自我，去观察别人和周围的事物。这样一来，你才会有一个更加从容的人生。

选择 C：父母给你过度的爱与呵护，你是个被包办的小孩。

童年时，父母非常爱你，生怕你受到一丁点儿伤害。他们过度地保护你，这样一来你就变成了一个被包办长大的小孩。你少了无数可以尝试的机会，也无法去尝试冒险。在自我上，你也更不可能有机会去突破。到现在为止，你还在为自己能不能独立生活而担心不已。

别人觉得你是个真诚的小孩，安静并且乖巧，但是没有人知道你内心其实很苦闷，你觉得没有人理解你。

你会对自己最亲密的人发很大的脾气，其实那正是真实的你自己。你的叛逆性格在长大后才渐渐显露出来。家长们越是不让你做什么，你偏要做什么。这主要是因为童年时期你没办法突破自我，实现自己成长，长大后才越发渴望变得独立。而父母一旦替你决定，你就会非常愤怒。

童年成长的经历对你的影响还是蛮大的。你要学会缓和内

心的冲突，学会接纳曾经的自己和父母，学会理解他们、包容他们。要知道，家庭带给你的温暖是不容忽视的，体会到这一点，你将会重新信任父母，也将变得更加成熟和淡定。

选择D：虽然你很少说话，但是你有着一颗淳朴的心。

你的童年可能是在缺乏安全感的情况下度过的。童年时的你，曾经试图向父母表达自己的情绪，但是他们并未觉察到。你也曾经试着跟他们沟通，但是也没有成功。从很小的时候起，你就是一个自卑的孩子。当别人侃侃而谈时，你却躲在角落里，沉默着不说话。

其实，你是很不自信、很没有安全感的。你曾经做过一些事以引起别人的注意，但是那样做的结果是你给别人带来了麻烦。后来，你变得很顺从别人，无论是长辈还是上司，你总是渴望让别人满意。

你是个处处为别人着想的人。如果一件事没有做好，你就会自责和自卑。而正是这种自卑情绪让你变成了一个拖延的人。因为你害怕自己会做错事，害怕受到别人的指责，所以你总是没办法立即行动。你需要做的就是建立自信，让自卑远离你。做一个阳光快乐自信的人，这可能比什么都重要。别管别人怎么说。

第 四 章

关于拖延的专业公式 U=EV/ID

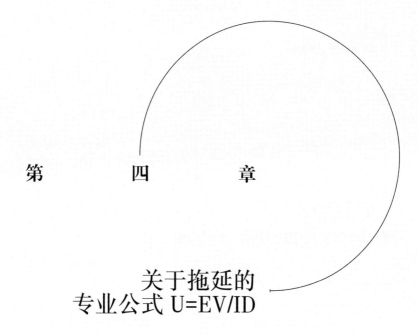

很难相信,有些人即使做着自己喜欢的、擅长的、快乐的工作,仍然会不断拖延。其实这一点儿也不奇怪,这正说明拖延形成的原因是复杂的、多样的。

我想对所有"战拖"斗士们说,改变拖延症需要一个漫长的过程,不是一两句话、一两种方法就能办到的。到底哪一种方法更适合你、更有效,你需要亲自行动试一试,并且长久地坚持。

第16堂课
增加工作愉悦感，有效减少拖延

好了，接下来你会读到大量关于如何解决拖延症的内容。这本书是将拖延的原因分析和解决方案分开来写的，因为拖延症患者拖延的原因很可能是多种多样的，如果我们只是按照一种原因跟进一种解决方案的方式写，很容易变得狭隘和分散。

而这样安排全书还有一个原因：综合起来的解决方案，分开来写就显得力度不够。我不想让一个重度拖延症患者因为不能及时找到解决方案而又被别的事情吸引过去。这也正是这本书的与众不同之处。

说到职场拖延症，很多人会发出这样的呼声："我拖延是因为工作太过乏味，每天面对工作就如同啃一块硬骨头。""我拖延是因为这份工作不是我所喜欢的，所以就很难积极去应对。"

第四章 关于拖延的专业公式 U=EV/ID

总之，这一类拖延症患者在工作中极度缺乏愉悦感。也可以这样理解：工作无法引起他们的兴趣，他们觉得其他任何一件事都比工作更有趣。所以他们把工作往后拖，花时间去做别的事情。于是，拖延就在不知不觉中产生了。

加拿大卡尔加里大学的皮尔斯·斯蒂尔教授花了十多年时间研究拖延症的问题。在这十多年中，他综合了有史以来可信度最高的691篇有关拖延的专业文献，写出了一份长达30多页的报告。在这份报告中，斯蒂尔教授进行了各种复杂的、交叉学科印证的统计分析，全面解答了与拖延症有关的各种问题。而最值得关注的是，他在报告中还列出了一个吸引很多人眼球的公式：U=EV/ID。

在这个公式中，U表示效用，就是最终完成任务的程度。它等于你对成功的信心（E）与你对任务的愉悦程度（V）的乘积，除以你的分心程度（I）与你多久能得到回报（D）的乘积。

I与D的乘积一定时，E与V的乘积越大，U的数值就越大；E与V的乘积一定时，I与D的乘积越大，U越小。U的数值越大，说明效用越高，完成任务的程度越高；反之，则越低。作为职场人，如果你能有效增加工作的愉悦程度，即将V的数值变大，对于克服拖延症将会有很大的帮助。

如何有效地增加一个人工作的愉悦感呢？

1. 从事自己喜欢的工作

不管你是什么性格，学习什么专业，相信总有一项职业是你梦寐以求的。别整天坐在座位上无精打采、唉声叹气了，找到你所钟爱的职业，并且把它作为一生的事业吧！只有从事你喜欢的、感兴趣的工作，你才会有比较强的愉悦感。

对于孩子来说，兴趣是最好的老师。对于成年人来说，兴趣是最好的动力。一个对技能操作比较感兴趣的人，如果他正在从事一项照本宣科、理论性非常强的工作，那么他自然体会不到工作带来的愉悦感。没有愉悦感，内驱力就会不足，人的内驱力不够，出现拖延的概率就会大很多。

相反，如果一个人对他所从事的工作非常感兴趣，他就会对工作表现出肯定的、积极的态度。当任务出现时，他就会调动所有的积极性来努力工作，从而顺利完成任务。这样一来，拖延发生的概率也就相应减少。

2. 做自己擅长的工作

如果一个人喜欢一份工作，他的心理内驱力就会增强，工作愉悦感也会增强，从而有效减少拖延。选择一份自己擅长的工作，也同样能够增强工作愉悦感。为什么从事自己擅长的工作能有效增强工作愉悦感呢？

因为，假如一个人从事的工作不是自己擅长的，他就很容易因为高估任务难度而自信心不足，害怕失败，从而把任务一拖再拖。比如，一个口才很好、擅长做销售工作的人，却要每天面对一堆文字，写一篇又一篇的工作稿，他自然很容易因为能力不够和自信心不足的问题而拖延任务。

因此，如果你正在因为从事一项自己不擅长的工作而拖延，请尽快找一份与自己的特长匹配度较高的工作。

3. 想办法缓解工作带来的压力

有些人在公司里很少人与交谈，每天都"专心"忙着自己的事，其实这并不是一种好的工作方法。举例来说，一个宅在家里的自由撰稿人，处在一个相对封闭的环境里，没有人打扰，也无须跟身边的人交谈，"专心"忙着自己的事，但是撰稿人拖稿的情况普遍存在，有的甚至非常严重。

对于上班族来说，利用上下班或者中午休息的时间，与同事交流工作情况或自己一天的心情可以起到良好的缓解压力的作用。压力小了，工作的愉悦感自然就会跟着提升。

当然，缓解工作压力的方法还有很多。比如，在公司制度未明令禁止的情况下，穿着令人精神振奋的服装去上班，也同样能有效增强工作的愉悦感。如果公司制度不允许，在烦人的工作装里面穿一件令自己精神振奋的内衣也是不错的办法哦！如果这件事不容易办到，你也可以背一个自己非常喜欢的包。

这些虽然都是一些小事，但是对于缺乏工作愉悦感的你，却具有很强的治愈效果。

4. 增加工作愉悦感，让你的办公桌帮忙

过于整洁、过于办公性质的办公环境往往让你感到工作就意味着要面对枯燥的一天又一天。假如你能够把办公桌变得富有情趣，可能每当你坐在办公桌前时，就会感到这是享受的一天。你可以在桌子上摆一张家人的照片。有家人时刻陪伴在你身旁，你的工作就算很苦很累，也会因为多了一份情感上的支持而变得有意义。枯燥、无趣的工作也许就会变成幸福、快乐的工作。

当然，你也可以在工作台上放一个小玩具，或者摆放一盆绿色植物。通过改变你能改变的那一小部分工作环境来提升自己工作的幸福感和愉悦感，老板也会觉得你是一个把公司当成家的好员工呢！

5. 适当地吃点儿快乐小零食

我曾经有一个女同事，她几乎每天都会带一些小零食去上班。除了自己吃以外，她还会非常大方地分给身边的同事。大家原本紧张、烦躁的心情会因为收到她的小零食而变得愉悦。

虽然我并不提倡每天频繁地吃零食，但是那位每天吃零食

的同事确实比其他人笑的次数更多。当有的同事因为疲惫而变得心情沮丧、意志消沉时,她却仍然开心地工作。

《苏格兰人报》的一则报道说,人在感到有压力时吃巧克力、水果、甜点等食品,心情就会好起来。

还有一些营养学专家认为,人心情不好,可能是因为体内缺乏营养素。情绪和脑力有相当大的关系,心情不好、心烦意乱的时候,人的大脑最需要的就是糖分。如果能吃一些糖分高的甜食来补充营养,则可以及时满足人脑部的能量需求。吃甜食不仅仅能补充能量,对人的心理也是一种安慰。

因此,吃一些糖分和水分含量较高的食物能够让人的愉悦感迅速提升。需要注意的是,吃太多蛋糕或者冰激凌可能会引起肥胖,还会引发糖尿病等疾病。所以,最好用水果或者巧克力代替。

当然,如果你因为看了这本书,从一个不吃零食的人慢慢变成了"吃货",那我的罪过就太大了。你不但会因为吃得过多无法吸收,还会使自己的身材快速横向发展。要知道,吃零食的目的是缓解压力,给疲惫的身体增加能量。如果你误解了吃零食的目的,最后的结果可能是你又要拼命为戒掉零食而努力了。

因此,你每天不用带太多零食,只需要准备一两根香蕉或者一两个苹果,等困倦或者工作疲惫时再吃,这样既有营养又不用害怕会变胖。

一定要注意的是，吃零食时应该离开座位，到茶水间或者楼道里去吃。一边工作一边吃零食绝对不是好习惯，更不是领导认为的好员工的行为。

> **"战拖"小贴士**
>
> 　　缺少工作愉悦感不仅仅会造成拖延，还会产生其他不良表现：缺勤、频繁离职、人际关系冲突增加、职业幸福指数低等。这样一来，无论对于个人还是对于企业都是一种损失。
>
> 　　哈佛大学的一项社会学研究表明，员工的职业幸福感每增加5%，客户满意度就会相应地增加11.9%，企业组织效益也会随之提升2.5%。这正说明，员工的心理愉悦程度高了，企业的工作效率就会相应地得到很好的提升。
>
> 　　有时候，一家公司能够发展壮大，不仅取决于先进的管理模式，在某种意义上也取决于员工自身高度的职业幸福感。员工在充分感受职业幸福感后，就会产生一种对公司的认同感，并感觉到工作是一种快乐，从而带着愉快的心情积极投入日常工作中。

第17堂课
降低你的分心度，减少拖延

我是一名电话销售员。每天上班的头几个小时，我都无法进入最佳的状态。有时候我会忍不住给女朋友发信息；有时又忍不住跟同事闲聊；有时，还会趴在办公桌上睡一觉。我知道这样做不对，让上司看到肯定会挨骂。但是我真的很难进入工作状态。有时候刚进入状态，朋友发来的一条手机短信又将我的思绪打乱了。

——网友熊熊

我是一家IT企业的员工。每个月薪水拿得不少，工作压力也不大。但是最近，我只要一坐到办公桌前就会打哈欠，一个接一个地打，而且总觉得脑子昏昏沉沉的，一点儿想法也没有，一点儿工作动力也没有。上司交代的任务，明知道很紧急，却总是懒得完成。有时非要拖到领导催了，才会非常勉强地去做。我不知道自己以前那股激情澎湃的斗志哪儿去了？难道我该换

工作了?还是我患上了亚健康综合征?

——北京石景山某公司员工

在 U=EV/ID 公式中,有些心理学家认为,只有 D(一个人多久能得到回报)是可以控制的,其他几项则不能被控制。但是有些心理学家则认为,就像上一节讲到控制 V(愉悦程度)一样,I(人的分心度)也同样可以控制。从现实生活经验中,我们不难总结出,降低 I 值,即增强专注力,同样可以减少拖延情况的出现。

有人曾经对中国台湾的上班族做过一项"专注力调查"的研究,结果发现:有超过九成的上班族曾遇到过专注力不足的情况,还有超过八成员工曾因此而漏听或忘听老板交代的事情,事情到期了做不完,上班时间犯困,开会时精力不集中,等等。

"开会了,我还差一份资料没有准备好。""客户在催了,但是我还有一个数据没有统计出来。"……据说,这是典型的中国台湾上班族的状态。其实,他们跟患有拖延症的你没有什么区别。为了避免在工作中拖延,也为了避免在工作中出错,提升专注力至关重要。有心理学家提出了 6 个提升专注力的方法。

1. 保证充足的睡眠

像很多拖延症患者一样,你经常趴在电脑前睡觉。其实你也不想睡,只是太困了。你觉得如果不睡,马上就会死掉。你经常打瞌睡，总是哈欠连天。老板刚从你身边闪过去，你就打了一个大大的哈欠，还好没有被他看到，不然就惨了……

说实话，在刚参加工作的那段时间，我也有过这种体验。我每天都觉得疲惫，经常困得要死。一天当中除了吃中午饭、跟同事聊天比较精神，其他时间都是一副昏昏欲睡的样子。

为什么会这样？因为我经常熬夜看电视，我每天都会因为要看动画片《名侦探柯南》熬夜到凌晨1点多。第二天一早要爬起来乘公交车去上班，路上又不能睡。在公司上班时，我要是不打瞌睡，那真的是超人了。

明明是自己睡眠不足，还要骗别人说，自己也不明白为何就是没有精神工作。别忘了，你的上司也是从小员工一步步走过来的，他们只要看到你那两个肿得像核桃一样的眼睛，就知道你昨天晚上干什么去了！不要以为你是超人，况且，即使是超人也要睡觉。别忘了，你是有工作在身的职场人，晚上下了班回到家里，无论多忙，都应该在11点前上床睡觉。

如果你根本不把明天还要上班放在心上，就有可能像上大学时一样玩通宵。当然，即使第二天你能勉强起床上班，肯定也是一点儿工作状态都没有。一个人在缺乏睡眠、精神疲惫的情况下，很难集中精力去做事。所以说，要想改掉拖延症，一定要按时睡觉，按时起床。只有保证充足的睡眠，你才可能以更高的专注力面对工作。

中医养生专家指出人类最佳睡眠时间应是晚上10点至清晨6点,老年人稍提前为晚9点到清晨5点,儿童为晚8点到清晨6点。

以前,有一些养生专家研究认为,年轻人每天应该睡足8小时,这样才能够保证充足的体力和精力来工作和学习。但是几年前,英国的一项科学研究发现,每天5~7小时的睡眠就足以让成年人得到很好的休息。

有的朋友可能会抱怨自己的睡眠质量不好,即使每天晚上按时睡觉,第二天仍然无精打采,无法全神贯注。对于这样的人,提高自己的睡眠质量就成了一件很重要的事。提升睡眠质量的方法也有几种,比如睡前听轻音乐、喝温牛奶、阅读优美的文字、做一些身体按摩等,都能够起到很好地提升睡眠质量的作用。

2. 在做事之前,一定要抛开一切杂念

很多人不能做到专注于一件事,不仅仅是因为总有突然冒出来的事情打断他,还有一种情况是,他的脑子里会生出其他念头。比如,一个正在打字的人,低头看键盘的那一刻,突然想起自己失踪了好几天的指甲刀。于是,他开始出现杂念,想着要不要先把指甲刀找到,剪一剪指甲,然后再工作。再如,一个人正在写一篇报告,但是心里却同时在想,两个小时后和

女朋友见面的时候该怎样表达自己压抑了很久的爱意呢？

正是因为杂念丛生，人们才不断分心，而正在进行的工作便一次次被打断。如果一个人在做事之前，能做到抛开一切杂念，就能够很好地保持专注力。

我知道一种用意念来修炼专注力的方法，具体操作方法是：做事前，练习者端坐在椅子上，全身放松，然后轻轻闭上眼睛；练习者开始在心中默念"所有的事情都不重要，现在最要紧的是做好眼前这件事"；5~10分钟后，练习者睁开眼睛，开始投入到工作中。需要注意的是，大家最好不要刚刚默念完就马上投入工作，要安静地闭几分钟眼睛，否则效果就不明显了。

3. 一次只做一件事

有一次，我和朋友去品尝工夫茶，发现给我们泡茶的师傅从里间拿茶杯，就只是拿了两个小茶杯，拿茶壶就只拿了一个茶壶。拿完这些，又返回里间取泡茶需要的其他物品。按照我们平时的习惯，用一个大茶盘，把茶杯、茶壶、茶叶还有茶挟之类的东西一下子端出来多好。这样一趟趟地跑，又麻烦又浪费时间。

但也许正是因为泡茶师傅有这种一次只做一件事的专注度，才使得经他之手泡出来的茶，味道那么不一样。

在我们身边，很多人一边吃东西一边工作，一边写工作报

告一边接听手机,或者一边跟别人谈话一边不停地翻看微信,这都是非常不好的习惯。如果说拖延不是一朝一夕能改变的事,那么"一次只做一件事"这样的小要求,相信很多拖延症患者都能够做到。

那些手忙脚乱的人,往往喜欢同时做多件事。就像脚踏两条船的人一样,两条船都要踏,两只脚都不稳。老祖宗曾留下的一句话"贪多嚼不烂",说的其实就是这个道理。分心不仅仅会使人的注意力分散,还很容易使人的情绪紧张慌乱,让人从而感受到更大的压力。

4. 收拾你的办公桌

小林是一家公司的统计员,同时也是一个中度拖延症患者。他的办公桌总是摆着很多份文件和很多本书。当然,除了书和文件以外,小林的办公桌上还有水杯、茶叶罐、笔筒、钉书器、手机袋、名片盒、花露水、用过的快递袋、一盆花、三个记事本,同时还有几张照片。

有的同事取笑小林,说他的办公桌就像一个杂货铺,只要有需要,都能在那里找到。而小林偶尔也会收拾一下办公桌,但是刚收拾完没几天,办公桌又恢复了原样。

事实上,心理学家研究发现,摆满杂物的工作环境很容易让人分心。不仅仅是办公桌不能太乱,就连我们平时用的电脑窗口，也不宜太多。

为了不影响工作的专注度，大家应该及时收拾办公桌，保持相对单纯的工作环境。如果确实有很多物品需要随时用，可以放在抽屉里。如果东西特别多，我们可以单独买一个收纳箱，放在办公椅旁边。总之，那些杂七杂八的东西应尽量放在工作时无法触及的地方。而电脑窗口也应尽量只打开工作需要的部分，跟工作无关的新闻网站和购物网站应该及时关闭。

5. 将工作和生活分开

很多人之所以专注力不够、工作效率低，是因为他们把工作和生活混为一谈。就像前面章节里讲到的，有些人下班后，本来应该好好休息，做些自己的事情，但是他们却把没有做完的工作带回家做；而有些人本该在工作时间好好工作，但是他们却在工作时间里帮朋友找工作，给父母打电话，约朋友吃饭，等等。

结果工作时没有好好工作，下班后又没有好好休息、娱乐。时间一长，工作业绩明显下降，个人生活也乱七八糟。将工作和生活分开，并不仅仅是为了保证工作时的专注度，还为了我们能在娱乐时做到专心致志，集中精力。

有一个男孩，星期天和女朋友约会逛公园，但是他却总想着那份没有完成的工作，女朋友跟他讲话，他也是一副心不在焉的样子。女朋友还以为男孩心里有了别人，不再喜欢自己，

于是跟男孩大吵一架。看看，原本是一场浪漫的约会，只因男孩的不专心，结果变成了分手大战。

6. 不要被他人的建议左右

也许你经常会遇到一些"好心人"，出于关心，他们对你的工作指指点点。虽然他们的指点都是一些善意的建议，但假如你没有坚持自己的想法和追求，很可能就会陷入困境和迷茫中。回过头来，你会发现自己拖延了那些应该做的事。

事实上，别人往往并不了解你有多少能量，也不知道你有多少信心和毅力。所以，很多人的建议往往并不适合你。你需要有自己的判断力，判断什么样的任务适合自己，什么样的任务自己根本胜任不了。

曾经有一位朋友，他明明做好了一份详细的工作计划，但是同事却建议他，想要获得领导更多的认可，可以加入 A 内容，这样计划可能会更完美。朋友听从了同事的建议，领导看到后也确实很满意。但是在实行的过程中，朋友发现 A 内容和整体计划一点儿关系都没有。朋友觉得，自己根本就是在执行别人的意志，而不是自己的意志。

很快，朋友工作的积极性下降了，工作成绩自然也没有预期理想。

作为任务的执行者，你应该相信自己的判断，不要被别人的建议左右。别担心自己的计划会失败,事实上我们每个人都无法预测哪个计划必定成功。除了天时地利外,可能最重要的还是我们能否调动所有的力量去完成这项工作。而这需要我们具有较高的专注力,能够自我控制。否则,可能会面临无数障碍,不得不疲于奔命。如此一来,拖延便是很自然的事情了。

"战拖"小贴士

心理学家认为:分心只会让人完成一些普普通通的小事,如果分心度过高,甚至连小事也做不好。但是当我们把精力聚焦在一个点时,就会爆发出惊人的能量。就像用放大镜把太阳光聚焦在一个点上,就会使那一个点的温度急剧升高一样。

从生理的角度来看,集中精力做事,我们的大脑和身体才不会感到疲惫。很多人认为,自己之所以拖延,是因为身体疲惫,精力已经用光。事实上是因为我们不够专注,所以才更容易感到疲惫。比如,我们白天在工作时做其他事,大脑的能量会因为被消耗太多而很快进入疲惫状态。

相反,假如我们能在上班时专注于工作,下班时放下工作进行娱乐,工作时使用的那一部分大脑区域就会得到充分休息,另一部分也会从"休眠"状态转入"活跃"状态。这样一来,就不易产生疲惫感。

第18堂课
高效卓越的专注力训练

不管你是职场人士,还是在校学生,只要你有拖延的习惯,有意识地对自己进行专注力训练都是非常有必要的。它将有助于锻炼你的大脑对身体的控制,以及锻炼你的意志力和专注力。坚持一段时间的训练,相信你会有惊喜的发现。

1. 减少手势,安静讲话

很多人在讲话时,喜欢借助各种手势来表达自己的想法和感情。但是实际上,这类人的大脑更容易因为肢体语言消耗精力过多而变得疲惫。不仅仅是讲话者自己疲惫,过多的肢体语言也会使听者感到疲惫和紧张。因为你的"张牙舞爪"会分散听者的注意力,使他们的视觉神经和听觉神经同时处于"工作"状态。

因此,请停止一切无用的手势吧!让自己的行为举止变得恰如其分。手势可以有，但无需过于丰富。举止镇定自若，肌肉的紧张感和大脑的疲惫感便可以得到缓解。在他人看来，你的言谈举止也将很有风度哦！

2. 静坐 15 分钟

假如你平时经常处于忙乱之中，那不妨试着练习静坐。让自己在椅子上静坐，脑子里什么都不要想，手上也什么都不要做。

在静坐的过程中，你会发现自己的身体变得放松。而放松之后再做事的话，你的注意力会变得集中。当然，假如你一开始很难让自己静坐很长时间，也可以从 5 分钟或者 10 分钟开始练起。等到专注力训练到一定阶段，再以 15 分钟为一个时间段。静坐的目的就是让我们的大脑和肌肉放松。

3. 注意身体的某个部位

一位心理老师曾经教过我一个训练注意力的小方法，就是把两只手的五指自然放在两个膝盖上，先是左右晃动左手的食指，接下来再左右晃动右手的食指。你会发现，大脑的注意力会转移到晃动的身体部位。

最开始进行这项训练时，我觉得真是太小儿科、太无聊了。但是，出于对拖延症的畏惧，我还是坚持了一段时间。最后的结果是，我认可了这个小方法，它虽然很简单，但真的有效。

要知道，越是无聊的东西，越能锻炼我们的注意力或者专注力。古代故事里那个企图把铁杵磨成针的老人，看似又蠢又无聊，但是，相对于大脑经常一片混乱的我们来说，磨杵的老人内心平静，专心致志。

当然，如果我们让左右手的食指同时晃动，则可以同时锻炼左右脑。

4. 闻一闻花香或者饭香

你可能有过这样的经历，别人闻到了隔壁飘来的饭菜香味，并且能准确地说出饭菜的名字，但是你却什么也闻不出来。

还有一种情况是，你在花园游玩时，别人纷纷夸赞这里鸟语花香，但是你只听到了鸟儿的鸣叫，却闻不到花香。

这说明你的专注力不够！要知道，敏锐的嗅觉也需要集中精力。因此，经常到花园里闻一闻花香，品味花香的气味，这也是一种专注力和注意力的训练。同样，假如你对美食比较感兴趣，也可以试着让自己努力闻一闻饭菜的香味。集中精力，看看我们在一道菜里能闻出多少配料的味道。比如一份芹菜炒肉里，除了有芹菜的香味和肉的香味外，可能还有花椒、姜、蒜、酱油的香味。

嗅觉系统得到了锻炼，我们大脑的注意力也能得到锻炼。

第四章 关于拖延的专业公式 U=EV/ID

5. 每天阅读 30 分钟

当今社会，越来越多的人把厕所改装成了书房。因为只有在如厕的时候，他们才能心无旁骛地安心阅读。

据说有些人进厕所时没有来得及抓一本书，只好把洗手间里的洗手液瓶上的说明文字认认真真地读了又读。这说明，阅读什么内容并不重要，重要的是享受阅读，否则有的人就会便秘。

我想要提醒大家的是，如厕时阅读容易引发生理疾病，如痔疮等。因此，我们最好还是把书本留在书房里比较好。阅读可以培养人的专注力，对于提高我们的思考能力很有帮助。

当然，若想培养专注力，你最好每天阅读 30 分钟后，再花几分钟把读过的内容复述一遍。复述的目的是检测阅读时的注意力。专注力越强，注意力就越集中。相反，如果你在阅读时心猿意马，可能就很难复述出来了。

6. 观看时钟的秒针

找一个固定的时间，在眼前放一个带有秒针的时钟，眼睛盯着秒针移动，不要想其他事。看看你每次能否坚持 3 分钟。我开始进行这项训练时，发现它其实是非常乏味的。但正因为它乏味，才具有很大的挑战性。

当然，假如你同时也不排斥听觉上的刺激，可以找一个秒针每走一步就会响一声的挂钟。我本人比较倾向于带声音的挂钟，它不但能训练我的注意力，还会让我感到时间紧迫，对改正拖延的恶习非常有用。这无形中使我"战拖"的决心更加坚定。

在训练专注力时，大家还应该改掉一些不良习惯。比如，有的人喜欢在吃饭或者讲话时抖动大腿；有的人总是有意无意地捻自己的胡须；还有的人只要一站到镜子前，就会皱起自己的眉头。别以为你很会控制自己的身体，这些行为其实都是缺乏专注力的表现。在工作中，我们身旁或者对面的人会敏锐地捕捉到这些信息，认为我们在分心，不够专注。

假如你不抖腿或者不捻胡须就难受，可以深呼吸，在纸上做一做笔记，或者干脆站起来活动一下。只要我们愿意，就很容易克服这些不良习惯。

"战拖"小贴士

当我们的大脑频繁处于专注状态时，专注于某件事就会慢慢变成大脑思考和工作的常态。如此一来，我们就很容易控制大脑的专注力，在工作时做到集中精力。也就不会再出现明明很想集中精力，却无论如何也管不住自己的大脑和身体的状况了。

第19堂课
提升你做事的成就动机

相信你也非常赞同"重赏之下必有勇夫"的说法。

假如一项任务没有重赏,你就会和大多数人一样,很难快速地、以全部的热情投入进去。假如你接受了某项任务,这项任务却没有重赏,便很容易产生拖延。

这种情况下产生的拖延,往往不会使你有过多的自责和内疚,因为你觉得自己的拖延是理所当然的。

其实,这正是一种缺乏内在动力的表现。当一个人缺乏行动的内在动力时,就很难快速、积极地去做一件事。于是,"立即行动,绝不拖延""集中精力,全情投入"就成了空话。

美国心理学家约翰·威廉·阿特金森是对人类动机、成就和行为进行科学研究的先驱人物。他在与 D.C. 麦克莱兰以及其他人的早期合作中,出版了《成就动机》一书。他使动机成为心理学研究的一个独特领域。

成就动机具体指什么?

心理学上的定义为：成就动机是指人们力求获得成功的内在动力。一个人对自己认为重要的、有价值的事情，会努力去克服困难，尽力实现目标。就像我们在开篇中说的"重赏之下必有勇夫"。

个体的成就动机中含有两种成分：追求成功的倾向和回避失败的倾向。一般认为，成就动机较高的人喜欢选择富有挑战性的任务，其追求成功的倾向大于回避失败的倾向；而成就动机较低的人，则因为害怕失败而逃避困难的任务。

当追求成功的倾向在力量上大于害怕失败的倾向时，人的成就动机就高。他们也很容易立即行动，追求目标，实现成功。比如，有些大学毕业后想继续考研的人，他们对考上研究生以后自己在个人品德和行业发展上获得成功非常有信心。于是，在准备考研时，他们会非常积极。

当一个人害怕失败的力量大于追求成功的力量时，他的成就动机就比较低，往往会瞻前顾后，畏首畏尾，退缩不前。比如，有些大学毕业后想继续考研的人，他们认为自己考上研究生的希望并不大。他们觉得自己即使参加研究生考试，也很有可能不会成功。于是，当家人督促他们去考研时，他们就会因为没有多大兴趣而变得拖拖拉拉。

当二者力量相等，个人的成功动机处于中间位置时，他们就很容易在犹豫不决中焦虑和痛苦。比如，有些大学生想继续考研，觉得考上研究生以后，自己肯定会受益匪浅。但同时他们又担心读研究生会浪费时间,如果现在出去工作,可能成功得更快。于是,他们就会在考研还是不考研的选择中纠结。

不难看出,当人们缺乏内部动机时就很容易产生拖延。而影响动机的因素还包括:目标的吸引力越大,成就动机越高;很有把握的事和毫无胜算的事都不会激发高成就动机;个体施展才华的机会越多,成就动机越高。

对于一个拖延症患者来说,要想通过提高动机缓解拖延的症状,就应该做到以下三点。

1. 多学习,不盲目乐观也不盲目悲观

虽然拖延症跟学识的高低没有太大关系,但是学习足够多的知识可以提升我们的自信心。如果一个人的自信心强,他做事的勇气就会比一个自卑的人大很多。学习好的高中生都希望考上好大学,上了名牌大学的学生都想努力找份好工作。这正说明,学习更多知识以后,人们就会渴望更多人的认可与赞许,向着更高的目标迈进。正因为有这种追求的动力,我们的成就动机才会变得更高。

2. 反复审视自己的优缺点,找到与他人之间的差距

一个人能够看清楚自己的优缺点,将有助于他对学习任务或者工作任务的选择和制定。适当的外在压力可以提高人的工作效率。反之,如果不了解自己,盲目制定学习任务或者工作

任务,你可能会因为任务过重、压力太大而出现拖延。

如果能找到自己与他人的差距,就会提升我们努力的动机。比如,一个一直在拖延的员工,如果发现自己在业务上比同事差了一大截,就自然会在工作上变得更努力。

3. 勇于在工作中表现自己

很多人喜欢在工作中潜伏起来,让领导和同事看不见自己。在他们看来,这是一种不做出头鸟的处世智慧。事实上,这会使你的成就动机降低。长此以往,你的业绩可能会越来越差。

我们一定要勇于在工作中把自己优秀的一面表现出来,并且以乐观的态度积极面对所有人和每一项任务。如此一来,你的成就动机就会上升到一个新的高度。

"战拖"小贴士

职场人士取得成功的内在动力叫成就动机,而指引学生学习的强大动力,叫学习动机。二者都是内在动机。

一些心理研究者发现,拖延不仅与内在动机的缺乏有关,还会受到自我决定的影响。以大学生为例,他们学习动机的自我决定程度越高,学习的拖延程度就越低;他们学习动机的自我决定程度越低,学习的拖延程度就越高。

测测你的成就动机水平

你需要认真判断每个判断句中的描述符合你情况的程度。请选择①~⑤来表示你认为的符合程度：

①非常不相符 ②有些不相符 ③不确定 ④有些相符 ⑤非常相符

1. 在挑选任务时，你会选择比较艰巨的，这样才能显示自己的能力；
2. 和朋友谈话时，你不喜欢主动发表自己的观点，而是更愿意倾听；
3. 你喜欢给自己定目标，然后积极地去完成它；
4. 你很渴望无忧无虑、自由自在的生活，同时无事可做；
5. 在做一件事时，你会按着计划好的步骤去完成；
6. 在做一件事时，你总想按自己的思路来；
7. 你喜欢接触新鲜事物，而且如果你不懂的话，也会想办

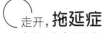

法弄懂;

　　8. 在陌生的环境里,你会感到很焦虑;

　　9. 你喜欢和别人讨论问题,也总能积极地提出自己的看法;

　　10. 对于工作中那些难度比较大的工作,你会有些害怕;

　　11. 你希望做一项从未接触过的工作;

　　12. 你愿意做一些简单的工作,这样你会觉得更容易完成;

　　13. 在平时,你总会有一些新点子,不然你会觉得生活很枯燥;

　　14. 你不满意无所事事的生活;

　　15. 每天都是从零开始,这是你对生活的感受;

　　16. 简单的任务在你眼中没有什么意义;

　　17. 你一直都渴望有所成就;

　　18. 一天下来,你必须让自己做出一些看得见的成绩,这样你才觉得安心;

　　19. 做每件事情都有明确的目标,这是你做事的原则;

　　20. 工作中,你总是不怕困难和挫折,会坚持到底;

　　21. 在完成工作时,你会鼓励自己,对自己说一定能成功;

　　22. 在开始行动前,你会先确定一下行动的路线是不是绝对正确;

　　23. 做一件事时,你不断担心自己是否会失败;

24. 你是个一旦做出决定就必须付诸行动的人；

25. 你是个力求完美的人，这种想法波及你做的每件事；

26. 在成绩上超越身边的人时，你会觉得是自己的能力强；

27. 你经常在想自己的能力是不是不如别人；

28. 在你看来，一个成功的人，机会比能力可能更重要；

29. 努力就能做好任何事，这是你一直坚信的；

30. 你时常觉得自己不是一个运气很好的人。

评分标准：

正向题目为：1、3、6、7、9、11、13、14、15、16、17、18、19、20、21、22、24、25、26、29；

反向题目为：2、4、5、8、10、12、23、27、28、30

正向题目的评分方法是，序号是多少就表示得多少分（例如：①表示1分，⑤表示5分）；在反向题目的答案中：①表示5分，②表示4分，③表示3分，④表示2分，⑤表示1分。

参考结果：

120～150分：恭喜你，你的成就动机水平挺高的。你是一个内控型的人。跟那些安于现状的人比起来，你是个希望建立一番功业的人。如果你从事着一项每天都无所事事的工作，

你会觉得非常痛苦。如果有人交给你极具挑战性和创造性的工作，你会非常有信心把它做好。再大的困难也不能吓倒你。最可贵的是，你对人生有自己的看法。

75~119分：你的成就动机水平一般。你做事时常常受情绪支配。对于某件事的失败或成功的认识上，你的归因因素也不太稳定。有时候可能是内归因，有时可能是外归因，这都要看你的情绪。和那些目标坚定的人相比，你对自己的人生目标偶尔会有所怀疑，这还是因为你对成败的归因不同造成的。

0~75分：有点遗憾，你的成就动机水平比较低。可以这样说，你是一个外控型的人。在你看来，机会比一个人的能力和努力更重要。因此，你相信有好的机会就很容易成功。相反，你不太愿意花更多时间在提高自己的能力上。你也不太常给自己制定什么目标，因为你更看中机会，而不是计划。

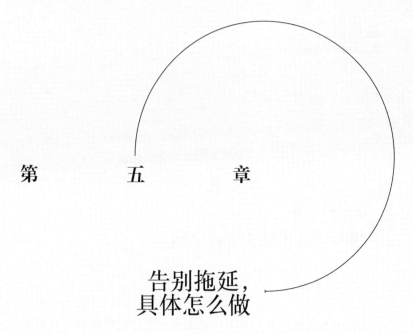

第五章

告别拖延，具体怎么做

对于很多人来说，时间就像敌人，自己总不由自主地把时间浪费掉了。而一说要节约时间，很多人就会觉得自己受到了约束，不是想着如何快速完成任务，而是想着如何拖延更长的时间。

拖延症患者们一直在漠视时间，很少有人会好好管理自己的时间。因此，这一章要讲到的番茄时间工作法，对于拖延症患者们来说就显得尤为重要。

第20堂课
快来试试番茄工作计时器

"有一天我在教室里学习,我发现同学看我的眼神中都带着异样,甚至我自己也在鄙视自己。最近几个月我是怎么过来的?我是如何与同学交往的?我是怎么学习的?重新审视自己后,我清楚地发现,我把大部分时间花在了娱乐和消遣上,做事和学习总是三心二意,这是我迷失的根源。"

以上文字摘自弗朗西斯科·西里洛的著作《番茄工作法》。

作者正是因为意识到了自己拖延的问题,所以开始跟自己打赌,一定要做到专心学习。作者找到了他们家厨房里烧菜用的计时器。有趣的是,那个计时器长得像个番茄。于是,后来被人们广泛应用于提高工作效率的番茄计时器和番茄工作法就诞生了。

弗朗西斯科·西里洛开始给当时社会上的成功人士讲公开课,主要是传授番茄时间工作法的使用方法。随着番茄时间工作法被广泛推广,越来越多的人喜欢上了这种把25分钟设为一

第五章 告别拖延，具体怎么做

个单位的时间管理方法。人们不仅有效提高了工作效率，还收获了很大的成就感。

现如今，世界各地都有人使用番茄时间工作法。这种时间管理的方法传入中国以后，迅速获得了中国年轻人的认可，使用它的人也越来越多。很多拖延症患者都成了番茄时间工作法的受益者，当然也包括我。

1. 番茄工作计时器的原理

番茄计时器的原理其实非常像妈妈规定小孩子从几点到几点必须安安静静地坐在书桌前写作业，如果时间不到，不许做其他任何事。这期间，即使有小朋友来家中拜访，写作业的孩子也不能停止学习。直到家里客厅的挂钟"咚咚咚"地敲响了，孩子才可以放下笔，飞快地跑出书房。

而等到妈妈规定的下一个时间到来时，孩子又不得不马上回到书桌旁学习。我们长大成人后，父母不可能再坐在你身旁为你设定工作的时间和休息的时间，几点学习、几点休息都变成了你自己做主。而自控力差的人，比如拖延症患者，则开始了"游击"式的学习和工作方式——刚刚学习（或工作）一会儿，就去做别的事情了。他们玩儿的时间居多，工作或学习的时间很少。

而弗朗西斯科·西里洛发明的番茄钟，正好代替了妈妈的角色，成为我们工作和休息的时间提醒者。番茄钟虽然是一个

只能在开始和结束时提醒你的电子机器,但绝对能够派得上大用场。即使它不会像妈妈一样,把已经分心的你强行拉回到电脑桌前,你仍然会心甘情愿地听从番茄计时器的管理。

正如番茄计时器的发明者弗朗西斯科·西里洛所说,番茄时间工作法的目的不是实施任何形式的外界监督或外界干扰,它不该被认为是一种自我约束的工具。番茄时间工作法应该是为了满足人提高工作效率的愿望而生的,而且必须被自觉应用。

如果有人觉得番茄计时器就像是孙悟空头上的紧箍,只是蹦出来给自己"念咒"的,那他完全可以顺手把番茄计时器扔进垃圾筒里。因为番茄计时器永远都不会有任何反抗。因此,一个人只有自觉地使用番茄计时器来进行时间管理,才有可能达到番茄工作法应有的效果。

2. 用番茄时间工作法进行时间管理

我自己也是一个拖延症患者,而且相当严重。当我学会了番茄时间工作法后,发现工作效率比以前提高了很多倍。也许在超市里,你很难找到番茄计时器,但是在各大购物网站,你则可以很轻松地买到。当然,如果你上网购物不太方便,就不要拘泥于用什么样的工具计时了,一部可以设定闹铃的手机同样可以!

最初,我设定一个番茄钟是 25 分钟,紧接着是 5 分钟的休

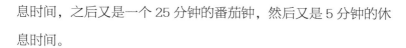

第五章 告别拖延，具体怎么做

息时间，之后又是一个 25 分钟的番茄钟，然后又是 5 分钟的休息时间。

比如，从早晨 8 点 30 分开始工作，把番茄钟的指针扭到 25 分钟处。也就是说，等到 8 点 55 分时，番茄钟就会自动响铃。它响铃的意义在于提醒使用者，25 分钟已经到了，可以休息。

对于我来说，番茄钟开启以后，我就会全神贯注地投入到工作中，不再为其他任何事操心。等到第一个番茄钟结束，铃声响了，不管我手上的工作有没有完成，我肯定会放下工作，放松一下。在放松之前，我会为番茄计时器做一个 5 分钟的设定。这样一来，我运动够 5 分钟，番茄计时器就会马上提醒我。

在使用番茄时间工作法之前，我基本上是把一天分为两段，即上午和下午。我会告诉自己上午做什么，下午做什么。如果上午我没有完成计划好的工作，就要下午完成。这样一来，我的工作效率非常低。有时候整个上午都无法完成一项任务，结果到中午时就会感到很沮丧。然而到了下午，我又会由于困倦和疲惫无法集中精神。就这样，一天过去了，工作却没有任何进展。

使用番茄时间工作法以后，我的一天不再是两段，而是 12 个番茄钟。我从 8 点 30 分开始计时，每工作 25 分钟后休息 5 分钟，一直到 12 点。按照番茄时间工作法的规定，我每工作 4 个番茄钟，会休息 15~30 分钟，这样算下来，上午可以有

6个番茄钟;下午我从 2 点开始计时,一直到下午 5 点 30 分,再去掉一段较长的休息时间,又有 6 个番茄钟。

当然,这只是一个番茄钟没有被打扰的理想情况,如果某一个番茄钟被打扰了,这个被打扰的番茄钟就作废了。比如,我正在专心地工作,前台突然来了一个快递需要我签收。我不可能告诉对方,我的番茄钟正在进行中,过一会儿再送过来。因此,等收好快递,并且及时打开包裹,简单查看后,我便会重新开启一个新番茄钟。因此,一个上午可能只有 4 个或 5 个,甚至只有 3 个番茄钟。

需要注意的是,在开始番茄钟之前,你需要做一份表格。表格的样式如表 5-1 所示:

表 5-1 待办事项表

× 年 × 月 × 日 待办清单		
序号	任务	备注
1	写一篇关于如何提升销售业绩的报告	××××
2	给 5 个客户打电话,询问订单	××
3	制作 5 张业绩总结报表	××××

番茄钟开始以后,你应该依次从第一件需要办的事做起。一个番茄钟结束后,不管任务有没有完成,都要及时停止工作。你需要在表格中记下每一项任务消耗了多少个番茄钟,一个番茄钟可以用一个"×"来表示。记录下每项任务分别

用了几个番茄钟，这样你在下一次执行任务时，就能做到心中有数。

当番茄钟被打扰，你中断了工作时，当下的那个番茄钟就作废了，你需要重新开启一个番茄钟。番茄钟被打扰后，即使是短暂的中断，也要作废，但是我们仍需要把该打扰和中断记录下来。一天过后，回过头来统计一下，看遇到了几次打扰，是什么使我们的工作中断了。这样可以吸取教训，在第二天减少打扰和中断，提高工作或学习效率。

"战拖"小贴士

"丁零——"虽然这个番茄钟的时间到了，但是我仍要写完这段话。番茄计时器带给我们的番茄工作法更关注"微观"层面。不管实施者的计划多么耗时复杂，都必须通过数个 25 分钟的一个番茄钟来完成。

心理学家们认为，一天工作了多少个番茄钟，就代表了工作效率是多少。而这种工作效率的重要性不在工作上，而在于我们能否集中精力。

第21堂课
别被打断,保护你的完整工作时间

很多拖延症患者之所以工作效率低下,很大一部分原因不是精力不集中,而是由于经常被打断从而没办法集中精力。于是,有人可能会问,假如使用番茄工作法,仍然不断被打断,该怎么办呢?

问得好!

如果一个人工作时总是被人打断,不管他的能力有多强,业务有多熟,都无法快速地完成工作。而番茄计时器开始计时后,我们也不可避免地会遇到各种各样的打扰。原本好好的工作计划,全部被破坏了。

先来看看打断你的番茄钟的因素有哪些。

1. 你自己的问题

也许你口渴了,突然很想马上喝口水,于是起身去倒开水;

也许你腰酸了,想站起来活动一下;也许你发现有一个非常重要的电话需要马上打给对方;也许你发现铅笔的铅芯不够用了,想停下来削一削铅笔;等等。

此时,你应该问问自己,这件事非常重要吗?必须马上去做吗?是否可以拖到番茄钟结束后再去做?如果你仍觉得那件事非做不可,而且现在不做,工作就没办法继续下去,那就马上去做。做完以后在你当前的番茄钟前标一个星号,表示被打扰了一次。

为了保护你的番茄钟,你应该把不重要的事情尽量放在四个番茄钟结束以后做,或者是放到下班后去做。如果真的特别重要,需要你马上去做,可以把原有的计划推迟。千万不要因为番茄钟而忽略了真正重要的任务。

2. 来自别人的问题

当你正在进行一个番茄钟时,突然有同事走过来向你请教表格的问题;有一个视频电话打了过来;工作邮箱提示,有人发了一封邮件给你;有一个同事要跟你讨论中午吃什么;等等。

为了保护自己的番茄钟,你需要尽最大的努力去排除干扰。你可以告诉向你请教的同事,20 分钟后你会带着答案去找他。有电话打进来,你可以按留言接听键,当然如果是非常重要的电话,你应该及时接听,否则对方会认为你脱岗了。但要记住,

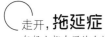

回来以后要重新启动番茄计时器。这样一来,你的工作效率才不会跟原计划差太多。

而邮箱提示,你应该留在四个番茄钟结束以后,或者下班以后再看。因为既然对方愿意以邮件的形式跟你沟通,肯定就不是什么特别着急的事情。需要注意的是,很多企业非常不愿意员工在工作时间打开微博、购物网站、娱乐网站等与工作无关的软件和网页。如果不想被领导点名,你还是全部都关掉比较好。

是否需要打断番茄钟,应该根据需要处理的事件的紧急程度而定。

如果老板要你马上去一趟他的办公室,而你却告诉老板,你的番茄钟还有15分钟就结束了,我想他一定会冲你发飙。不要心疼那些被废掉的番茄钟,因为番茄钟是为提高你的工作效率服务的。如果你确实需要处理更紧急、更重要的事情,就算打断番茄钟也没有关系。

番茄时间工作法小提醒:

如果你是一名初学者,一天中能有两个不被打扰的番茄钟就已经非常不错了。每天对番茄时间工作法做记录,坚持一个星期下来,再回过头来看自己,从周一至周五,每天完成的番茄钟个数是否有变化。

我自己的情况是,头几天一直只能完成两个番茄钟(被打断的都作废了），到了第四天的时候，我能完成的番茄钟变成了 5 个。第六天的时候，我一天完成了 7 个番茄钟，真的很开心。要记住的是，番茄钟一定是完整的 25 分钟，如果被打断了，就必须重新开始算。所以说，能够被称为一个番茄钟的，一定是一个完整的、没有被打断的 25 分钟。

"战拖"小贴士

心理学家认为，在执行番茄工作法时，因为自身的问题而导致内部中断其实是一种本能。内部中断的出现，也正说明拖延习惯在起作用。拖延习惯会让我们从内部转移注意力，从而达到拖延的目的。

而对于外部中断，它们有时候是无法预料的。值得注意的是，外部中断需要你的回应和互动。比如，同事过来向你请教一个问题，他在殷切地等待着你的回复，简单粗暴地拒绝肯定是不可能的。

要知道，番茄工作法不是那种用来闭关修炼的工作策略。如果你因为使用番茄工作法而把自己孤立起来，这绝对是件很糟糕的事。

第22堂课
将工作"化零为整"或"化整为零"

也许你开始烦恼,明明已经学会了番茄钟的使用方法,但是工作效率仍然不高。你有种时间被偷走了的感觉。实际上,你的时间没有被偷走,而是被不合理的安排消耗了。

事实上,要想掌握一套能带来高效率的番茄时间工作法,还要学会合理地给番茄钟分配任务。可以说,不同的番茄钟里,安排的任务也不是一样的。如果只是按意念随意安排,将大大地影响番茄钟的作用。

1. 化零为整

假如你今天有五项零散的任务,包括给一个客户打电话,给另一个客户写邮件,帮助上司打印一份表格等,这些任务中的任何一项都不足以使用一个番茄钟。因此,你可以把这些工作放在一个番茄钟里。当然,如果一个番茄钟做不完四五项工作，你可以把它们安排在两个番茄钟里。

有的朋友可能会问，为什么要化零为整呢？反正都要做，按顺序不行吗？答案是不行，因为有些小任务会让人感觉非常杂乱，如果被分配到不同的番茄钟里，很容易浪费更多的时间。而把它们放在一起来做，则可以有效地节约时间。

我通常会把打电话、发邮件和查收邮件、上厕所、做记录这种比较零散的任务放在上午的最后一个番茄钟里。因为临近中午时，人开始饥饿，身体也变得有些疲惫，如果完成一些比较重要而又要求很高的任务，不仅效率低，还很容易出错。而那些零散的小任务却相对比较灵活，即使注意力有些分散，也没什么关系。

而下午的最后一个番茄钟也同样应该安排一些零散的任务，比如，根据记录回顾一天的工作，进行必要的总结和分析，以便为明天的工作提前做好准备。零散的任务不容易引起人的成就感，而把几个小任务组合成一个大任务，并且顺利地完成后，你就会有非常强烈的满足感，觉得好像很多棘手的问题都解决了。

2. 化整为零

有时候，一项任务一个番茄钟根本无法完成怎么办？你完全可以把它拆分成几段，安排在几个番茄钟里。如此一来，不管任务多艰巨，需要的时间多长，只要有番茄时间工作法的帮

助,你都可以轻松应对。

这其实是一种把复杂的事情简单化的方法。把一项比较耗时的任务分割成数个小的番茄钟,可以很好地保证人的大脑有充足的活力和良好的思维能力。每当一个番茄钟结束时,你就可以休息一会儿,比如吃一点儿小零食或者站起来看看窗外的风景。这样一来,既能够缓解身心压力,又可以增强下一个番茄钟的战斗力。

化整为零的工作模式可以使工作者及时获得成就感和满足感。如此一来,不管任务多大,你只要完成一个番茄钟,就可以放下工作,轻轻松松地休息 5 分钟。对于职场人士来说,这其实是一种奖励机制,激励人们高效地完成一个又一个番茄钟。

番茄钟的时间一定是 25 分钟吗?

有些朋友可能觉得,25 分钟一个番茄钟时间太短了,自己还没有工作多久,就要停下来休息,如果是 1 个小时一个番茄钟,每次休息 15 分钟,这样工作效率是不是会更高呢?

这种事情因人而异。因为每个人的耐力和体力是不一样的,每个人的工作性质也不一样,所以 25 分钟肯定不是一个定数。拿我来说,经过一段时间的练习,我现在给自己定的一个番茄钟是 50 分钟。每工作 50 分钟后,就休息 10 分钟。

每个人都有一个适合自己的时长,你需要慢慢去摸索。当然,假如你从来没有用过番茄时间工作法,最好还是从 25 分钟

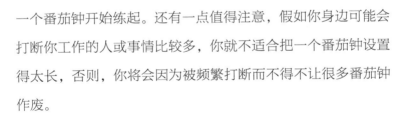

第五章 告别拖延，具体怎么做

一个番茄钟开始练起。还有一点值得注意，假如你身边可能会打断你工作的人或事情比较多，你就不适合把一个番茄钟设置得太长，否则，你将会因为被频繁打断而不得不让很多番茄钟作废。

相反，如果能使用更短的周期，你就更容易集中精力完成工作。比如设 10 分钟或者 15 分钟为一个番茄钟。如此一来，就算打扰你的因素很多，你仍然能完成很多番茄钟。

另外，即使你设定好一个时间，也可以定期更换。比如，前三个月将 25 分钟设为一个番茄钟，三个月后将 40 分钟设为一个番茄钟，过一段时间还可以将 40 分钟改为 30 分钟或者 60 分钟。但是需要注意的是，每次更换至少要保持两周，否则频繁变化的工作时间很容易破坏你的工作节奏。

再来说说休息的时间，番茄时间工作法规定三次小休息后，要有一次较长时间的休息。但如果你是一个精力旺盛的人，根本不需要那么长时间的休息，那么每次休息的时间都一样就可以。但如果你最近的体力不好，更容易疲惫，那就应该适当地把休息的时间加长，尤其是延长三次小休息以后的第四次休息时间。

有些人会问，为什么要设置这么多次休息，这难道不是浪费时间吗？这个问题很简单，因为就算是机器，也不可能只工作不休息。连续工作会使人陷入疲劳状态，工作质量也自然跟着下降。

"战拖"小贴士

将零散的任务汇集到一起,更利于任务实施者看清楚哪项任务重要,哪项不重要。而把耗时较长的任务分开来做,同样有利于你更好地完成任务。

与此同时,在琐碎的任务和耗时较长的任务面前,你也可以更加清楚地辨认,哪项任务虽然很小,但是很重要;哪项任务耗时又复杂,又不重要,根本没有必要去做。

对于那些你根本胜任不了的工作,你同样很快就会心中有数,可以婉言拒绝或者请求他人的帮助,相信你知道应该怎么做。

第23堂课
番茄计时器的原理

在使用番茄时间工作法进行时间管理时,你需要给自己准备一支签字笔或铅笔、一个定时器和三张白纸(带格子的最好)。

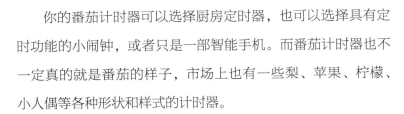

你的番茄计时器可以选择厨房定时器，也可以选择具有定时功能的小闹钟，或者只是一部智能手机。而番茄计时器也不一定真的就是番茄的样子，市场上也有一些梨、苹果、柠檬、小人偶等各种形状和样式的计时器。

假如你喜欢它的样子，当它出现在你的办公桌上时，你会感到有趣。还有一些人正在使用电脑软件"番茄计时器"。不管用什么样的计时器，它都只是一个工具，主要还得看操作工具的人怎么做。

如果是闹钟，你必须给它上紧发条。等它开始"嘀嗒嘀嗒"地摆动指针时，计时就开始了。听着秒针一刻不停前进的声音，相信你会比平时更加珍惜时间。事实上，我并不喜欢使用电脑软件计时，因为操作电脑软件又会耗去一部分精力。万一软件有问题，可能有的人又要忙不迭地查杀病毒、更新软件版本等。我觉得反倒是一个简单的机械小定时器或者小闹钟可以让番茄工作法更好地进行。

有一次，我的番茄计时器坏了，便不得不拿手机进行定时。手机的缺点就是你不可能听到时光每分每秒流逝的声音。于是，那种对时间的紧迫感自然也就少了几分。

有的朋友会问，如果我用闹钟或定时器定时，每过几十分钟定时器就要响一次，会不会让身边的人觉得很烦。说得没错！每个人都不愿意被人打扰。如果你的定时器经常像个

发疯的小牛一样狂叫,很快就会有人对你的番茄时间工作法表示反对。

因此,如果是在公司使用番茄时间工作法,就一定要把计时器的铃声调小,或者干脆调成振动,只要自己能听见就行。同时,你千万别企图让别的同事跟你共用一个番茄计时器。因为假如其中一个人因为被打断而作废一个番茄钟,那其他人该怎么办呢?当然,团队操作的情况可以除外。

番茄计时器跟你家墙上挂钟的不同之处,还在于它是倒计时的。将时间设定在25分钟,然后计时器开始倒计时。这其实是一种非常有效的增强紧迫感的方法。它使人更容易集中精力做事。

在进行番茄时间工作法时,有的人一听到响铃就会变得非常焦虑,有的人甚至会有一种被计时器绑架的感觉。他们觉得自己不自由了,做什么都要听从计时器的安排。其实,闻铃色变的人有两种,一种是不习惯自律的人,另一种是对结果很在意的人。

不习惯自律的人一听到铃声就觉得有人在监督自己。他们会因此而感到焦虑。

而那些很在意结果的人一听到铃声就总是在心里问:"我的效率够高吗?"这一类人因为害怕自己不够优秀而感到焦虑。事实上,他们完全可以通过自我审查的方式改变焦虑的心理。

有些朋友刚刚使用了几个月番茄计时器，便因为到国外旅游或到外地出差，而把番茄计时器扔进了抽屉的一角。等再次回到工作岗位时，他们觉得自己已经很少拖延了，便放弃了番茄计时器。有时候，这只是一种假象，很可能没过多久，他们又回到了原来的样子。

因为，之前使用番茄计时器所取得的效果已经被他们全部丢掉了，而随后的日子，没有计时器的帮助，他们的时间管理会逐渐变得混乱。直到有一天，他们开始大叫："时间不够用了，快要累疯了！"

要知道，你的拖延习惯可不是一个月或者一年养成的，很可能是几年甚至几十年慢慢积累起来的。你要想在几个月之内改掉，并且永不反复，其实是一件很难的事。

"战拖"小贴士

在运用番茄工作法时，我们一定要做到守则。否则，番茄计时器就失去了它的约束效力。当然，最重要的还是你从心里积极配合。否则，再有效的时间管理方法都将无效。

第24堂课
把那些抽象的时间变成具体的

在番茄时间工作法发明以前,时间一直以抽象的形式出现在人们的学习和工作中。人们只能被动追赶时间。而番茄时间工作法的诞生,把抽象的时间变成了具体的、连续的事件。这绝对是拖延症患者们的福音。

番茄时间工作法把时间以 25 分钟为一个单位,让人们对时间产生了新的观念:"哦!原来时间也可以切成一段一段来用。"比如,冰箱里的长条面包,切成小段吃和整条拿出来吃,可能感觉是不一样的。

有一次,我把番茄计时器放在一个与我非常要好的朋友面前,告诉她使用的原理。但是她却告诉我,她很忙,有一大堆事情要处理,所以根本没有时间跟我慢慢学。从朋友的语气里,我听出了一丝不屑。也许,她只是把我送给她的红色番茄计时器当成了一个玩具而已。

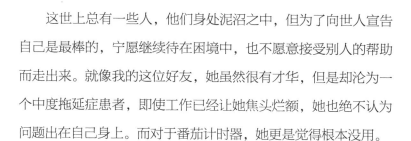

这世上总有一些人，他们身处泥沼之中，但为了向世人宣告自己是最棒的，宁愿继续待在困境中，也不愿意接受别人的帮助而走出来。就像我的这位好友，她虽然很有才华，但是却沦为一个中度拖延症患者，即使工作已经让她焦头烂额，她也绝不认为问题出在自己身上。而对于番茄计时器，她更是觉得根本没用。

事实上，学习番茄时间工作法很容易，大家可以一边工作一边尝试。所以，即使我们很忙，仍然有时间把这种时间管理法学会并且用好。

运用番茄时间工作法一段时间后，你会有以下感觉。

1. 25 分钟变长了

如果没有番茄计时器的帮助，25 分钟可能只够你跟朋友随便聊两句，或者发一封邮件。但使用番茄计时器以后，你发现 25 分钟其实很长，你可以在这段时间里做很多事。

我还记得自己最开始使用番茄时间工作法时的情景，感觉精力非常充沛，注意力变得集中。但是最要命的是，正当我全神贯注地工作时，番茄计时器却会毫无征兆地响起。

熟练运用以后，我开始把 25 分钟改成了 40 分钟，有一段时间还设过 60 分钟。我为自己可以如此努力地工作而感到开心。作为番茄时间工作法的受益者，我真心希望有更多的人来学习这种时间管理法。它不但简单，而且有效。

2. 休息也被纳入了工作当中

使用过番茄时间工作法的人就会知道，一个番茄钟结束时，你会马上处于一种放松的状态。接下来的5分钟是属于你的，你可以用它做任何事。正因为有了这样的规定，你的身体和精神才可以得到很好的休息。在没有使用番茄时间工作法时，我可能会坐在电脑前一连好几个小时不休息。我通常直到疲惫得不行了，才偶尔站起来活动一下。可能这几个小时的时间里有一半的时间在工作，另一半时间在玩儿。但是我很少把休息的时间也纳入正常的日程中来。

运用番茄时间工作法以后，工作和休息是两件非常明确、非常重要的事。那些无关紧要的事情很自然地就被推得远远的了。

3. 条件反射让你更专注

20世纪初，俄国生理学家、心理学家巴甫洛夫经过长时间的观察发现，每次他在给狗喂食前，先亮一个灯，经过灯光和食物的几次联结后，灯光一亮，狗就会流出口水。这时，灯光变成了食物的信号，只要狗一看到灯光，就出现生理上的条件反射。

不仅仅是灯光的刺激，巴甫洛夫用响铃代替灯光进行一系列的操作，也得到了同样的效果。狗一听到响铃，就会流口水。

而番茄时间工作法也具有同样的道理。我们启动番茄计时器后，在嘀嗒声中，大脑便马上进入工作状态。当番茄计时器的铃声响了,我们便马上进入放松状态。其实这也是一种条件反射的训练。它可以训练我们的大脑在工作时更专注,在休息时变得更放松。

"战拖"小贴士

当时间不再像流水一样根本抓不住,而是像一个个储物柜一样,可以分成多个部分,我们就很容易给不同的时间段安排不同的任务。如此一来,工作的条理性就会慢慢被培养起来。不会再像从前那样杂乱无章。

将时间分割更容易使人产生对时间的敏锐度。如何更好地运用时间会成为番茄工作法的执行者们最关心的问题。如此一来,工作或学习效率也会相应地提升。

第25堂课
减少你的工作时间,也能减少拖延

没错,在这个所有人都想要通过延长工作时间来提高工作

成绩的社会里,减少工作时间可能更适合患有拖延症的你。

不管你是在校学生还是职场中人,可能都有这样的体会:开始拖延以后,工作或学习时间的长短跟工作或学习的效率没有太大关系。你会发现,大多数时候,你花费在工作或学习上的时间越多,完成的工作量就越不能按比例增长。

比如,某人在每天工作的 8~9 个小时的时间里,每个小时都可以完成一项工作。但是如果他继续工作,工作效率就会下降,可能每完成一项工作,就需要一个半小时甚至两个小时的时间。在工作量相同的情况下,花费的时间越来越长,就意味着他的工作效率在降低。

要知道,人的身体也像机器一样有自己运行和休息的规律,一旦打破规律超负荷运转,身体和大脑工作的速度就会慢下来。比如,有的人在疲惫或困倦的情况下会变得思维迟钝,行动缓慢。

如果一个人在疲劳状态下工作,出错率就会越来越高。我们都知道,开车最忌讳两点:第一是酒驾,第二是疲劳驾驶。很多司机驾驶技术不错,但是在疲劳状态下很容易出现压线、闯红灯等违规操作。

相反,减少我们的工作时间,不但不会降低工作效率,反而会提高工作效率。因为人在一天中,工作能力最强、状态最好的时间可能就短短几个小时,过了这个时间段,我们的大脑

和身体就开始处于疲惫状态。

比如，大多数人都是早晨状态最好，因为经过了一整夜的休息，他们头脑清醒，身体充满活力，因此他们在上午时工作状态最好；但是到了下午，工作效率则不高，基本上处于平稳状态；到了晚上工作效率更差。而有的人，上午很难进入工作状态，下午2点至6点则是他们工作效率最高的时间段。当然，还有一些人，他们只有在深夜时灵感才最多，创造力才最旺盛，白天时，他们则大脑空空，表现平平。

想一想，哪个时间段是你的最佳工作时间呢？你是否充分利用了这个时间段，并且抓紧时间工作呢？

如果是，恭喜你，你是个聪明人。如果你总在自己状态最好的时间里做一些无关紧要的事，却在工作状态一般甚至不好的时间段里做着最重要的事，可能你就是公司里每日工作时间最长、工作效率最低的员工了。

可能你还不知道，很多人拖延的最大原因就是他们总是在自己最疲惫的时候开始着手做一项工作。而此时，他们根本没有精力和激情去工作。因此，工作只能被拖着前进。长此以往，他们的脑海中就会形成一种条件反射，只要一开始着手一项工作，就会感到疲惫、无力和烦躁。因为激情全无又疲惫不堪，所以就算后面有人拿着皮鞭抽打，他们也很难快速行动起来。

因此，请不要延长工作时间。每天的工作时间尽量不要超

过 8 或 9 个小时，剩余的时间用来休息、运动、读书或者跟家人、朋友在一起。在这 8~9 个小时的时间里，保证至少有 5 个小时的时间专注于当下的工作。另外 3~4 个小时，可能你的效率不高，你就可以利用这段时间完成一些比较灵活的工作。比如给客户发邮件，跟同事交流工作进程等。

假如你在工作的过程中感到特别疲惫，或者是明显感到效率变得很低，就应该马上停下来休息一会儿。拖延症患者们切记，千万别把玩网络游戏、浏览网页或者跟网友聊天当成休息。这里的休息指的是趴在桌子上小睡一会儿，或者到走廊上看看风景。十几分钟后，你会发现疲惫散去，整个人又有了精神。

也许你认为自己浪费了十多分钟的工作时间，但是休息后，你的工作效率可能是疲惫状态下的好几倍。因此，看似是减少了工作时间，实际上却是提高了工作效率。

"战拖"小贴士

如果延长工作时间，人们会认为还有时间，从而不会立即行动。相反，如果规定自己每天只有 9 个小时的时间可以用来工作，人们反而会因为时间太少，害怕工作做不完而立即行动。

第五章 告别拖延，具体怎么做

第 26 堂课
驾驭时间，而不是被时间驾驭

有一位女作家曾在一次讲座中提到，她一直在想，为什么人们都害怕世界末日。她会觉得，既然是世界末日，那不如早早开始计划剩下的人生吧。她把自己要实现多少个理想、去多少个地方、完成多少项工作都清楚地写在了小本子上，然后便一刻不停地去完成那些计划。

其实，那些梦想曾经是她打算用一生的时间来实现的，只是因为她给自己设了一个世界末日的节点，所以她觉得如果再等，可能这辈子就没机会了。结果在短短几年之内，她真的做到了。世界末日没有来，她却因为跟时间赛跑，而收获了比常人更多的知识和经验。

很多人一辈子有很多目标，但是直到去世的那一天也一个都没有完成。他们是带着遗憾离开这个世界的。当一个人忽略了生命的期限，又不懂得如何驾驭时间的时候，他人生的大部

分时间就会被白白地浪费掉。

有些人可能会有这样的感触:"唉!人生过了大半我还是一事无成""唉!时间过得真快,为什么一眨眼就不再年轻了?""这些年我在干什么?我每天都在忙,可是多年来想做的事却一件也没有做成。"

这是一种负面的情绪体验,你开始焦虑和彷徨。因为你意识到自己已经成了时间的奴隶,每天都被时间所奴役。而一旦被时间奴役,你的行动就会慢下来,就会拖延着不去做。因为你觉得反正时间总是要带着你向前的,即使今天什么都不做,明天也会如期而至。

一个成功的人一定是一个善于驾驭时间的人,而不是成为时间的奴役者。那些被时间奴役的人很容易在社会游戏规则中沦为弱者。

在物质层面上,拖延者是弱者。比如,一个人总是拖延着不学习,他的学习成绩就会越来越差。结果,他没有考上好学校,毕业后又拖延着不去面试,最终没能找到好工作。在工作中,他经常拖延,于是总是做不出业绩来。这直接导致他收入低,生活水平也比那些勤奋的人低。

当然,在精神层面上他们仍然是弱者。因为拖延使他们不自信,在不拖延的人面前拖延的人会更自卑。

比如,甲和乙约在某咖啡厅见面,结果甲提前15分钟到达,乙比约定时间晚到了 15 分钟。接下来的事情就很微妙了,甲不管说什么、做什么都会变得理直气壮。而乙即使是个很强势的人,也会变得谦和起来。其实不是两个人的性格发生了改变,而是遵守时间的一方在心理上处于优势,迟到的一方在心理上处于劣势的缘故。

聚会时,我们经常看到遵守时间的人大声喊着要迟到的人罚酒三杯。其实这都是一种心理上的优势。驾驭时间的人会变得从容不迫,被时间驾驭的人会因为无力控制时间而出现焦虑、自责、内疚等不良情绪。

从当下来看,这个社会的游戏规则是,谁拥有更多的物质资源,谁就是胜者。但如果我们转变思维,认为谁能获得更强的驾驭时间的能力,谁就是胜者,那么你会发现自己正在做的事情非常有意义。要想让自己比所有人更强大,就要让别人为赚钱而打拼,而自己为驾驭时间而打拼。

很多人喜欢发誓,对别人发誓的同时也对自己发誓。但是,最后人们还是因为轻易地自我原谅而让誓言成了泡沫。事实上,你无需对天起誓,更无需对自己起誓,你只需做你该做的事。

要想打败拖延症,驾驭时间是你必须做到的事。不管你是谁,请拿出纸和笔,写下以下问题的答案,并且努力去实现它们。

1. 假如今年是你生命中的最后一年,你最想做的三件事是什么?

2. 写下自己在未来七天里最想做的三件事。

3. 你通过何种方式完成自己的工作计划?

4. 请填写表5-2:

5-2 未来计划表

	年收入（元）	年工作时长（天）	日工作时长（小时）	每天价值（元）	每时价值（元）	每分价值（元）
现在						
计划						

驾驭时间法则:想办法增加时间。

从客观角度来说,时间的供给量是固定不变的,在任何情况下都既不会增加,也不会减少,每天都是24小时,谁都无法在这个持续的一维空间中去开源节流。但是,假如借鉴前人的时间管理经验,我们就可以实现实质意义上的时间增加。

值得说明的是,这种增加不是从一天24小时增加为一天30小时。

举个例子来说,周一至周五是工作日,周末两天是休息娱乐的时间。假如你在周一至周五就已经把所有的工作按时按量地完成了,等到周末时,你就会有整整两天的时间可以随意支配。不管是去旅游,还是和朋友一起去看电影、逛街,你都能享受到悠闲的时光。

假如从周一开始,你的工作就没有做好,每天积累一点儿,一直积累到周五。可是，即使你的工作没有做好，公司仍然会放假。你本来渴望在周末放松自己疲惫的心。但是，因为之前的懈怠和拖延，周末两天你不得不把工作带回家，而剩下的不多的时间对于你来说，根本不足以用来缓解一周的压力。长此以往，你就会不可避免地陷入恶性循环之中。当然，这样的你是一个忙到没有时间的人。没有时间娱乐，没有时间旅行，没有时间和女朋友约会，等等。

增加时间的最好办法就是，将现在非做不可的工作和事情逐步做好。高效地完成该做和非做不可的事，你便会获得多余的时间供自己支配。久而久之，你会感受到驾驭时间的惬意，而不会变成整日追着时间跑的"穷忙族"。

"战拖"小贴士

有很多人想把工作早早做完，以便回家好好休息，结果却被工作压得喘不过气来。事实上，这正是因为他们把娱乐（休息或者放假）放在第一位。假如能换一种思考模式，把工作放在第一位，可能不但会收获成果，还会获得更多的自由时间。

测测你的时间管理能力

1. 对于自己该做的事,总能有条理地完成( )

   A. 总是　　　　B. 有时　　　　C. 从不

2. 虽然你手上有很多任务,但是你仍能分清哪个是当前最该做的( )

   A. 总是　　　　B. 有时　　　　C. 从不

3. 不管是拖延了还是准时完成了某项工作,自己都能清醒地意识到( )

   A. 总是　　　　B. 有时　　　　C. 从不

4. 不管是工作还是娱乐,都能按照计划有条不紊地进行( )

   A. 总是　　　　B. 有时　　　　C. 从不

5. 每天上班前会制订一天的工作计划( )

   A. 总是　　　　B. 有时　　　　C. 从不

6. 在工作之余或周末时不会感到无所事事（ ）

　　A. 总是　　　　B. 有时　　　C. 从不

7. 不管是在家里还是在公司，都会把自己的物品摆放得井井有条（ ）

　　A. 总是　　　　B. 有时　　　C. 从不

8. 做绝大多数事情都会坚持到底（ ）

　　A. 总是　　　　B. 有时　　　C. 从不

9. 做事时聚精会神，就算有干扰也不容易打扰到你（ ）

　　A. 总是　　　　B. 有时　　　C. 从不

10. 在做事前会告诉自己一定要在最短的时间里按质按量完成（ ）

　　A. 总是　　　　B. 有时　　　C. 从不

11. 每天都很清楚地知道自己在做什么，应该做什么（ ）

　　A. 总是　　　　B. 有时　　　C. 从不

12. 每天都能做到按时起床（ ）

　　A. 总是　　　　B. 有时　　　C. 从不

13. 觉得自己做事情总是很有效率（ ）

　　A. 总是　　　　B. 有时　　　C. 从不

14. 每天都觉得有事情可做（ ）

  A. 总是　　　　B. 有时　　　C. 从不

15. 在完成任务时，假如遇到了挫折或者困难，不会找"明天再做"之类的借口让自己拖延（ ）

  A. 总是　　　　B. 有时　　　C. 从不

16. 不会同时做几件事，因为觉得那样会使每件事都做不好（ ）

  A. 总是　　　　B. 有时　　　C. 从不

17. 从来不会因为被其他事情分心而不能集中精力做眼前该做的事（ ）

  A. 总是　　　　B. 有时　　　C. 从不

18. 从来不会在下班回到家以后觉得自己很累很疲惫，并且觉得这一天的工作根本没有完成（ ）

  A. 总是　　　　B. 有时　　　C. 从不

19. 不会觉得自己没有时间去做自己喜欢做的事（ ）

  A. 总是　　　　B. 有时　　　C. 从不

20. 会定期检查自己的时间都用在哪儿了，然后检查自己的工作都完成得怎么样了（ ）

  A. 总是　　　　B. 有时　　　C. 从不

评分标准：

选"A"的记 2 分，选"B"的记 1 分，选"C"的记 0 分，看看你的得分是多少？

参考结果：

36~40 分：你对时间的管理能力很优秀。你也很有毅力，能够坚持不懈地把工作做好。你懂得如何管理时间做更多的事，因此你很少拖延。你需要继续坚持下去。

28~35 分：你对时间的管理能力属于良好范畴。你偶尔有拖延的情况，偶尔也会有外界的干扰让你做一些浪费时间的事，但是你懂得如何管理时间，也知道如何更好地管理自己。只要能够再系统地规范一下自己的行为，相信你会具有优秀的时间管理能力。

19~27 分：你对时间的管理能力一般。你做事的效率不高，但每次也能拖拖拉拉把事情做完。你渴望放松自己，因为拖延总是让你承受很大的压力，但你所谓的放松只不过是把任务向后拖而已。这实际上会给你带来更大的压力。

10~18 分：你对时间的管理能力很差！你有很多计划，但

年轻人都在用的自控力训练法

99.9%的计划都没能实现。你是个没有时间观念的人,总是找各种理由拖延。你很难集中精力做一件事,因为你总是被不同的事情打扰。你给别人的印象总是很忙,但你深知自己的工作效率极低。在情绪上,你是个患得患失、拖延、过早放弃和追求完美的人。你必须试着改变自己,否则成功将与你无缘。

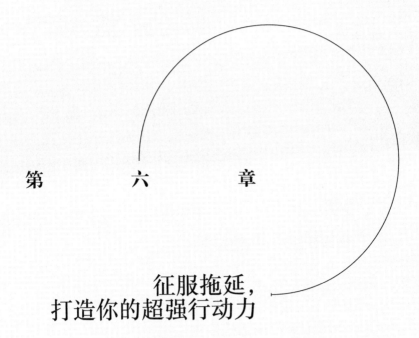

第六章

征服拖延，打造你的超强行动力

拖延者最大的特点就是行动力差。明明早就应该开始行动，却总是一拖再拖，不拖到最后一刻，绝不罢休。

再看看那些成功人士，他们行动迅速，说干就干，做起事情来又快又好。跟那些把工作停留在嘴上，一直漫无目的地工作的人比起来，在同样的时间里，他们已经完成了很多项工作。

第27堂课
不要等机会,要创造机会

美国作家罗伯特·安东尼博士说:"等待是一个陷阱,等待总有各种各样的原因。事实的真相是,人的一生只存在两件事,即原因和结果,而原因根本没有任何意义。"

1921年6月2日,美国《纽约时报》刊登了一篇简短的评论,其中有一句话这样说道:"现在人们每年接收的信息量是25年前的25倍。"看到这样的消息后,美国当时至少有16个人敏锐地做出了反应,他们灵光一现,觉得创办一份文摘性刊物必将大受读者的欢迎。

于是,至少有16个善于抓住成功机会的人,不约而同地到银行存了500美元作为法定资本金,并且顺利领取了营业执照。但遗憾的是,当他们来到邮政部门办理报纸的发行手续时却被告知,邮局暂时不能代理该类刊物的征订和发行。就算可以,也至少要等到第二年的中期选举以后。无奈之下,其中的15个

第六章　征服拖延，打造你的超强行动力

人只得向管理部门递交了暂缓营业的申请。

但是，只有一个名叫德威特·华莱士的年轻人没有理睬这一套。他回到在纽约的暂住地，和他的未婚妻一起糊了 2000 个信封，装上征订单寄了出去。

在世界邮政史上，这 2000 封信函也许根本算不了什么，然而，对世界出版史而言，一个奇迹却诞生了。到 20 世纪末，这两个年轻人创办的文摘刊物——《读者文摘》已拥有 19 种文字、48 个版本，发行范围达到 127 个国家和地区，订户 1.1 亿户，年收入 5 亿美元。在美国百强期刊排行榜中，几十年来一直位居第一。德威特·华莱士夫妇也由原来的一文不名，成为美国著名的富豪和慈善家。

德威特·华莱士是一个善于制造东风的人，因此他获得了惊人的财富，并且被世人尊重。事实上，世界上聪明的人很多，善于抓住机会的人也很多，但是没有机会也要制造机会的人却不多。

回过头再看看身为拖延症患者的你，你也许是一个善于抓住机会的人，但是很可能不是一个善于制造机会的人。

就算没有百分之百的把握，也要努力尝试。

有人会问，如果一点儿把握也没有，还要去创造机会吗？

古人有句话叫"死马当成活马医"，我把这句话理解为：即使一件事情没有什么希望了，仍然应该当成有希望那样去努力。

为了避免提前失望,你不能给自己太多期望,要有不计得失的心态。这样一来,就算事情没有成功,你也可以坦然面对。而对于之前的努力,你也不会感到后悔。

回想一下,看看有多少个失败的任务是自己再努力一下就可以成功的。对成功完成的那些任务进行总结,看"努力"在这些事情的成功因素中占有多大的比重。进行这两项思考以后,也许你会有所收获。

曾经有一位年轻的业务员到一家公司谈业务。在此之前,业务员的很多同事都来过这家公司,无奈公司的老总很忙,根本不给销售员推销产品的机会。虽然连丝毫成功的把握都没有,但业务员仍然努力寻找机会。

有一天,业务员和那家公司的老总进了同一部电梯。业务员正是利用老总乘电梯的几十秒钟,把自己的产品准确而又简练地介绍给他的。没想到,老总爽快地签下了那笔订单。没有人会想到,年轻的业务员竟然是通过这样的方式拿到了订单。

没有机会,就要制造机会。古人常说,一个人最好的成功条件是"天时、地利、人和"。事实上,现如今职场竞争激烈,如果一个人真要等到天地、地利、人和三者齐备时再行动,很可能机会早就被别人抢走了。所以说,当缺少成功的要素时,你需要自己去创造机会,而不是坐着等待机会。

要知道,制造机会也是一种行动。所有人都应该明白,等待就是一种懒惰、一种浪费。如果一味地等待，即使你是一个具有超强执行力的人，也会被安静的等待埋没才华。

等待不可能换来成功，要想成为赢家，只有行动。请告别等待，寻找一切机会。对于拖延症患者来说，要善于为自己创造机会，长此以往，你将有很大的收获。

"战拖"小贴士

在拖延症患者中，有一类人喜欢守株待兔。他们大多数时候喜欢待在原地，期望发生天上掉馅饼的好事。如果让他们主动做一些事，真是难如登天。因为他们要么害怕成功，要么害怕失败，认为只有躲在自己安全的壳里，才能避免冒失行动带来的痛苦。

在某种情况下，拖延者停止努力，只是为了免于承受精神压力。

在拖延者眼中，如果继续努力下去，他们将要面临更大的精神压力。比如，一个人没办法过河，他变得很沮丧，但是他马上想到，可以自己做一条筏子。开始行动的念头出现了，但马上又有另一个念头闪了出来："制作筏子是一件很费时费力的事，而且做好的筏子也不一定能带自己过河，还是放弃吧。"

其实，很多人原本能够创造更多成功的机会，只是那些机会都被自己一一否定了。

第28堂课
做"懒鬼"不进则退

很多人拖延着不愿意行动,还有一个很重要的因素——懒惰。有位管理者曾说,就一个团队的生产效率而言,最严重的打击莫过于对懒惰听之任之。懒惰不仅仅对团队具有强大的摧毁力,对个人成功的破坏性也同样非常巨大。

在生活中,"懒惰"是一个经常被人们提到的词。懒惰的人往往不做事,或者不愿意做事。有人认为,一个人的懒惰有先天性懒惰和后天性懒惰之分。先天性懒惰的人生来就懒,任何情况下都懒,只有遇到火烧眉毛的事,他们才可能有紧迫感。天生懒惰的人,他们的能力和性格起了决定性的作用。

有一个蜗牛和乌龟的笑话。乌龟生病了,想请蜗牛给自己买药。于是乌龟说了一堆好话,蜗牛终于答应了乌龟的请求。蜗牛出发了,乌龟难受地躺在床上,静静地等待着蜗牛买药回来。时间过去了好几个小时,乌龟开始着急了,它非常不满地

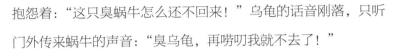

第六章 征服拖延，打造你的超强行动力

抱怨着："这只臭蜗牛怎么还不回来！"乌龟的话音刚落，只听门外传来蜗牛的声音："臭乌龟，再唠叨我就不去了！"

天生懒惰的人就像这只蜗牛，让他快起来根本就是强人所难。而后天懒惰的人才是我们需要花大力气改变的人。他们可能是自制力不强，受父母教育的影响，或者受工作、学习等环境的影响，从而慢慢变得懒惰。

要知道，作为企业里的员工，如果你是一个懒鬼，你的执行力就很难达到应有的高度。要想在高手如云的当今社会脱颖而出，简直是痴人说梦。

那么，我们为什么会懒惰呢？这到底是一种什么心理呢？

懒惰是一种心理上的厌倦情绪。它的表现形式多种多样，包括极端的懒散状态和轻微的犹豫不决。生气、羞怯、嫉妒、嫌恶等都会引起懒惰，使人无法依照自己的意愿行动。我们的懒惰往往在日常学习和工作中表现得最为突出。

艾尔是一家大型创意公司的文案策划，他每天都会睡到自然醒，洗脸刷牙后，简单整理一下自己，然后晃悠晃悠地到公司。打完卡后，这一天的工作就开始了。需要说明的是，艾尔所在公司的制度非常人性化，规定策划人员每天上午10点之前到公司就可以。

但是，最近半年多来，艾尔养成了一种习惯，早上总是很晚才起，晚上则要熬到很晚才睡。到了公司也不愿意工作，看

见客户送来的资料就会有一种说不出的厌倦。当领导催促时,他就感到非常愤怒。他讨厌那些百般挑剔的客户,讨厌总是把"创意"两个字挂在嘴边的上司,更讨厌经常给员工开会的老总。每当艾尔坐在自己的工位上时,他就会觉得浑身无力。

有几个策划案已经压了十多天,客户也催过好几次了,但是艾尔就是不愿意行动。而很多需要完成的工作任务,艾尔总是要拖到下班,晚上回家以后才开始做。

虽然艾尔也知道这是一家不错的公司,待遇高,环境好,工作氛围也很人性化,应该好好珍惜。但艾尔就是克服不了自己心中的懒惰,无法积极、乐观、高效地投入工作。

艾尔觉得自己的工作热情一点儿也没有了,每天只想着玩,也只愿意玩。而当初刚进入这家公司时给自己设定的目标统统被他忘记了。他不再关心自己会不会成功,只是想着怎样才能让每一天过得舒服。但是同时,他又不希望自己一直这样下去。

其实,艾尔像很多拖延者一样,是后天性懒惰的人,他们只需要使用一些正确的方法、付出一些努力,就可以改变懒惰的现状。

1. 改变大环境里的享乐观念

有时候,一个人把自己完全融入社会里,反而很容易迷失自己。就拿很多大学生来说,刚毕业的时候,他们斗志昂扬,非常勤奋。但是工作几年之后，你就会发现他们已经变得很懒惰，没有朝气，能拖就拖，得过且过。出现这种情况，有很大一部分原因是受到了社会上的享乐观念的影响。

抗日名将李宗仁曾说，人若不是从 0 岁活到 80 岁，而是从 80 岁活到 0 岁，那世界上三分之二的人都可以成为伟人。是的，如果人的生命是按倒计时的方式前进，那么人就不会耽于享乐，也不会经常做没有意义的事情了。

如果你经常感到莫名的痛苦，可以试着读一下以前的东西。比如，你可以回过头来读一读几年前曾经睡觉都要放在床头的书；回过头来看一看几年前甚至十几年前的电影；如果有可能，还可以看看你在年少时写的日记。在当下，你已经迷失了，已经失去了努力的方向和动力，回过头来审视自己，你会发现自己又会重新勤奋起来。

2. 给负性心理清零，注入更多正能量

人在成长过程中会因为外界的压力而变得懒惰和拖延。有的朋友会问，压力从哪里来？压力来自人生中各种各样的烦恼。比如，担心会失业，害怕父母会生病老去，担心自己的能力不能超越对手等。诸多烦恼汇集在一起，对一个人造成的无形压力是非常大的。

而人的心理能量就在这些压力和负面情绪中不断被消耗，人

自然也就没办法拿出更多的心理能量去勤奋工作了。而懒惰就像夏天的苍蝇一样，如期而至。因此，给你的负性心理清零，注入更多正能量，这样你才能成功克服懒惰，做到学习和工作不拖延。

你可以给自己放个假，放下沉重的工作做短期的旅行；你可以独自一人去电影院看一两场经典的励志电影；你可以参与一些慈善组织，吸收更多的正面情绪，释放心中的负面情绪等。

3. 让勤奋从每天清晨开始

请别再说什么晚上最有灵感，最有爆发力。坚持每天早起，你会发现不一样的感受。通过观察，我发现那些早睡早起的人往往比晚睡晚起的人更勤奋，更容易成功。虽然晚睡的人经常挑灯夜战，不完成工作不睡觉，但是拖延症患者们心里最清楚，那不过都是假象。

要想改变自己的懒惰，你应该早睡早起。

我还要提醒大家，不要只是在单位勤奋努力，在家里却是一个懒虫。一个在家里懒得铺床叠被、打扫卫生的人，在面对工作和学习时也勤快不到哪儿去。让勤奋成为你稳定的性格习惯，而不只存在于工作岗位上。如果仅仅因为生活所迫而变得勤奋，你可能很快就会又陷入厌倦和拖延的怪圈。

第六章 征服拖延，打造你的超强行动力

"战拖"小贴士

懒惰是好逸恶劳、不思进取、缺少责任心、缺少时间观念的心理表现。很多人把自己的拖延归结为懒惰，但也有很多人认为自己不是懒惰，只是拖延而已。事实上，不管是懒惰还是拖延，外在的表现都是拖着不做。

不同的是，懒惰者的压力往往来自外部，而拖延症患者的压力既有内部的又有外部的。糟糕的是，懒鬼们如果总是拖着不做，最后也会沦为拖延症患者。

第29堂课
别再囤积

多年前，我为写好一篇稿子而收集素材，和几个同事去一位朋友家里拜访。

早就听说，我的这位朋友一个人租着一套两居室的房子。这真的很让人好奇，因为在北京这个寸土寸金的地方，这未免

有点儿奢侈。

但是,当她允许我们在她家里随便参观时,我一下子就看到了次卧里满满的衣服、鞋子、帽子、围巾之类的旧服饰。它们有的用透明的小盒子装了起来,有的就直接摆起来或挂起来。

我大略数了一下,这间卧室里差不多有一百多双鞋子、几百件衣服,而帽子和围巾就真的数不清了。

我当时惊讶极了。

朋友说,那是她这么多年来一点点积攒下来的旧衣服、旧鞋子什么的。有的衣服是因为她变胖了,穿不进去了,就扔在这屋里了;有的是旧了,不流行了,也就扔了进来。这里面除了她自己的衣物,还有她父母的衣服。当他们说哪件衣服不想穿了,她都会拿过来放在这个房间里。

她说,她统统都舍不得扔掉,也不愿意拿出去捐给别人。因为这些衣服上面,都有着她和家人的回忆。

没错,很多人确实会对自己的衣服有感情,毕竟当初,它们也是我们左挑右选之后才买回来的。但是,如果把这些旧衣服放在家里囤积几十年,就需要用整整一个房间来装。而且像朋友这样,把父母的旧衣服也收集起来,并且为了这些衣服,也不敢搬家,就算完全用不上了,也舍不得扔掉,这确实有些过分了。

像所有囤积狂一样,朋友也觉得,自己有一天会把它们清

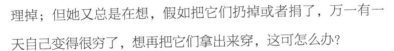

理掉；但她又总是在想，假如把它们扔掉或者捐了，万一有一天自己变得很穷了，想再把它们拿出来穿，这可怎么办？

朋友囤积的行为，从深层次分析，其实是缺乏安全感。是的，后来的几次见面，我的朋友也曾说过，她看到那些衣服，就会觉得很踏实，有种说不出来的安全感。

囤积狂们只有让自己置身于诸多与自己有关的物件中，才能获得一种前所未有的安全感和满足感。而拖延症又让他们不断拖延清理的时间，最终那些没用的东西越积越多。

奇怪的是，他们一边打算清理掉那些东西，一边不时地把更多没用的东西带回家。他们的解释是，等回头一并整理好了，再处理。

正如大多数囤积狂一样，朋友希望在囤积的那些旧衣服中逃避现实。这么多年，她一个人生活，独来独往。当然，我并不是说，独自生活有什么不好。而是对于朋友来说，她把自己的焦虑和软弱悉数寄托在那些旧衣服上。

这就是为什么一有人建议她处理掉它们，她就会感到焦虑和不安。当她迫于周围人的压力打算处理掉那些衣物时，则迟迟不愿意行动。

虽然很多拖延症患者没有像我的朋友那样，达到了一种病态囤积的程度，但拖延症患者们仍然要吸取我这位朋友的教训，试着每天执行一次"扔掉"的命令。

1. 每天扔垃圾

每天下楼前扔掉你家卧室、洗手间和厨房里的垃圾，千万不要拖到垃圾桶已经装不下了再扔。一个垃圾桶干净的家庭，相对于那些垃圾桶装满垃圾的家庭，主人的情绪会更乐观。可能你不知道，垃圾桶里满满的垃圾会让人感到心情烦躁和压抑。

2. 定期清扫房间

及时把家里的废旧物品清理出去，不管你是家庭主妇还是职场强人，这件小事对于锻炼你的执行力和帮助你克服拖延症都有很好的功效。因为每清理一次废旧物品，你就会有一种如释重负的感觉。这无形中是对你不拖延、立即执行的一种奖赏。久而久之，你的头脑中就会形成一种概念：只要我不拖延，立即执行，就会像把废旧家具扔出家门一样，获得一种干净、整洁和舒适的感觉。

3. 和朋友一起行动

如果你已经是一个囤积狂，家里正摆着满满的旧报纸或者旧衣服，别担心，叫上你的好友，播放一首优美的乐曲，然后在说说笑笑中把那些堆积如山的旧物品交到废品回收人员手中。

扔掉家中所有的废品后,你会惊奇地发现,原来没有它们,你的生活依旧那么美好。不仅如此,你还会发现自己的内心也变得异常轻松。

"战拖"小贴士

> 对于喜欢囤积的人来说,囤积的物品越多,内心就越有安全感。实际上,囤积起来的物品会消耗人的心志。而心志被消耗得越多,拖延现象可能就会越严重。
>
> 扔掉那些囤积了多年的物品,对于我们的心志来说,就好像进行了一次系统清理。清理得越彻底,大脑就越放松。

给你的工作排序

每个人一天中会有很多事情要处理,但你是如何安排自己的工作的呢?

如果一个人对工作的安排是杂乱无序的，抓到什么就做什么，那么他可能就是公司里最忙并且最没有效率的人。如何安排你的工作，这非常重要。

小吴是个不懂得合理安排工作的人，她每天都在拼命地工作，但仍然觉得自己的工作效率很低。到下班总结工作时，她总能发现自己一天中处理的都是一些无足轻重的小事，重要的任务一项也没有完成。

不仅仅在工作中，在生活中小吴也是这样。有朋友节假日约她出去逛街，她却因为专心修理一只坏掉的耳环而错过了约会的时间。有时候，小吴还会惊呼着告诉男友，她正在做一件领导安排的很重要的任务，如果第二天完不成就死定了。

能否合理安排工作，其实是一个能否将工作分出轻重缓急的问题。你应该学会合理安排自己的时间，这样才能提高工作效率，不至于像小吴一样因为一件不重要的事耽误了重要的事情，又因为没有提前工作而处于拼命赶工的状态。

凡是业绩出色的员工，都是做事有法、独当一面的人。这表现在他们能利用有限的时间高效率地完成至关重要的工作。也就是说，在关键部分、主要工作上，他们都能用全部精力将其做到最好。

每天一上班，一大堆工作在等着你，千头万绪，你该从哪儿下手呢？

人的精力是有限的，你需要迅速地从一堆复杂的问题中抓住关键，并制订清晰可行的计划，建立有效的运作系统，否则你将无法摆脱缠人的拖延症。

你可以把工作分为四大类：急且重要的任务；急但不是很重要的任务；不急但重要的任务；不急也不重要的任务。

可能很多人的印象是，先做急且重要的任务，其次是急但不是很重要的，而两类不急的任务则往后拖拖再说。

这样做真的有道理吗？我先来讲一个小故事。有一位妈妈，她每天会要求家人把前一天的剩饭先吃掉。剩饭吃光了，再吃当天新做的饭。因为剩饭不吃就会坏掉，而新做的饭菜还可以再放一放。于是，妈妈和孩子们总是今天吃昨天的剩饭，明天又吃今天的剩饭。结果，家里的孩子们每天都要吃剩饭。

处理任务其实也是同样的道理。如果你每天只着眼于最着急的任务，可能一个月或者两个月后，不着急的任务也会升级为最着急的任务。这样一来，你将会陷入每天都在拼命赶工的状态。

因此，你应该按以下顺序处理工作。

1. 先处理不紧急但重要的任务

没错！假如你是一位作家，有一本20万字的稿子等着你来写。如果你每天进入工作状态后的第一件事就是写2~3篇稿子，等到几个月以后，到了交稿日期时，可能你会发现稿子已经轻

松地完成了。

相反,如果你把这样一项重要的任务往后推,推到有一天你感觉非做不可了,可能时间已经来不及了。

很重要的事情,越是不着急,你越是应该放在一天中的最开始做。这样一来,你才更容易坚持下去,并且更容易花更多的精力从容地完成那项任务。

2. 接下来处理重要、紧急的任务

其实这种类型的任务在我们的工作日程里每天都会出现。看似很重要也很着急,说白了就是一些日常事务而已。比如,经理要你马上打印一份产品价目表格交给他,主管让你抓紧时间安排下午的会议,客户的投诉需要你马上解决等。

最好的办法是,把这些紧急而又重要的任务变得不那么紧急。因为人在着急的情况下更容易出错,正确处理问题的概率会相对降低。相反,如果把任务变得不那么紧急了,我们可能会因为时间不那么紧迫而变得从容淡定,在处理任务时发挥得更好。

3. 最后做"急但不重要"以及"不急又不重要"的两种任务

虽然每件事情我们都要尽全力做好,但绝不能"眉毛胡子一把抓"。"一把抓"的员工可能永远都会因为急于完成任务而疲于奔命。

不要为了"小芝麻"分散精力。

有时候，你不可能又快又好地完成所有的任务，即使你已经分清了哪件事重要、哪件事不重要。假如不得不拖延，你就要把那些无足轻重的事情往后拖。

事实上，这也正是成功者和普通人的区别。那些无足轻重的事情在成功者眼中就像"小芝麻"，他们会等自己充分闲下来时才顺手处理一下。但这样一来，成功者就可以把精力留给最重要的"大西瓜"。

著名的诗人、剧作家歌德曾经说过："最重要的事情永远不能让步于那些最不重要的事情。"因此，你要学会将那些意义不大的事情往后拖，或者托付给其他人去做。当然，如果你觉得自己完全没必要去做，或者做了对自己也没有什么意义，甚至可以干脆不做。要学会让自己不在"小芝麻"上分散精力，而是专注于去捡"大西瓜"。

要知道，在时间管理学上，有一个强有力的词——"不"。对于那些违背自己意愿、浪费时间的事，你的"不"字说得越早越好。应该注意的是，虽然是拒绝，但也要说得委婉。只有这样，你才不会因为拒绝任务而破坏与他人的关系。

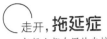

> **"战拖"小贴士**
>
> 大多数人更倾向于从最紧急的任务入手,认为这样可以快速解决"燃眉之急"。事实上,这样做只会让我们像救火队员一样,哪里着火救哪里。
>
> 一个很不好的现象是,拖延症患者往往喜欢把重要的事往后拖,先做不重要的小事。这也正是拖延症患者经常很累却工作效率低下的缘故。

第31堂课
找方法,当"问题终结者"

你是否是个遇到问题和困难就开始退缩,并且喜欢用三寸不烂之舌为自己辩解的人呢?如果你是,那么请试着改变自己。因为职场中从来就不缺找理由为自己辩解、逃避责任的人。他们以为自己很聪明,以为给"问题"找到了一个很好的"婆家",就可以把责任归咎到别人头上。

事实上,如果总是找各种理由为自己的失败辩解,可能会面临更多失败。因为找到了借口,你就可以堂而皇之地拖延下去;找到了借口,你就可以继续不行动。因为你已经把问题抛给了领导或同事。

要知道,你像所有的拖延症患者一样,正在推卸责任。你对上司说,我应付不了这件事,因为它太难了。如此一来,你就把责任推给了上司,问题能否解决就是他的事情了,你可以逍遥快活去了。

有位哲人曾说,如果一个人经常将问题推给别人,推来推去,问题可能就成了永远的问题;而那个经常推开问题的人,最后也将被无数问题缠身。

老板:"小刘,库房这边的一台电脑系统出问题了,你来看看,怎样才能修好。"

小刘:"电脑中病毒了,但是杀又杀不干净,要不然就是硬件的问题。我没有学过硬件,所以不太了解,回头您再找懂技术的人来看看吧。"

……

老板:"小刘,办公室的桶装水没有了,快打电话叫一桶。"

小刘:"送水快递员的电话打不通,人家可能出去了。我过段时间再打吧。"

……

一味地找借口,不肯想办法解决问题,这就是最大的拖延。

找了几次借口,而你的任务一件也没有完成。那么,在老板心中,你还有价值吗?你除了会找借口,还会什么呢?

我有一位在运输公司做经理的朋友。一次闲谈中他告诉我,有一次他招到一个名牌大学的毕业生,但只用了一个月就把对方辞退了。刚开始,那个男孩表现不错,沟通能力也挺强。但一个月后,公司派男孩去天津联系当地的物流公司,男孩没完成工作也就算了,还总是找各种借口来为自己开脱。

男孩到了天津以后,只待了几天就回到了北京。朋友以为男孩把工作完成了。结果男孩说,他只找到了两家物流公司,跟部门经理要了联系方式就回来了。朋友一听就火了,告诉他这等于是白去了一趟,什么任务也没有完成。但是男孩赶紧辩解说,自己在天津人生地不熟,找了两家物流公司,各方面的负责人都联系不上,所以就只要了两位部门经理的联系方式。第二天跑了两家物流公司之后,公司派给他的车不间断地出故障,他害怕车坏在路上更麻烦,就直接回来了。

其实,所有人都知道,男孩解释的理由不够充分。在朋友看来,男孩遇到的这些困难,都可以想办法克服。朋友身为经理,绝不容许有一个只知道找借口、不知道行动的员工。于是没过几天,男孩就被解雇了。

困难像弹簧,你弱它就强。很多人面对困难时,会感到头发晕、眼发黑,要么认为自己无能为力,要么认为这些问题不该由自己来解决。于是，他们要么在困难面前妥协，要么在困难面前逃避。公司安排给你的任务，不管多么困难，你都应该正视它。你必须树立一个积极、阳光的态度，才能更好地解决问题。

遇到困难的时候，你应该赶紧寻找解决问题的方法，而不是马上寻找借口。

一万个漂亮的借口，不如一个朴实的解决问题的方法。你一定要坚信，方法总比问题多，只为成功找方法，不为失败找借口。成功了，要总结方法；失败了，更要吸取教训。不要把借口挂在你的嘴边。否则，即使是很简单的小事，你也会因为某个现成的借口而推诿。

企业需要的不是花瓶，不是问题制造专家。不管你找到多少借口，问题是不会自己解决的。

世界上有两种人，一种人踩着刹车前进，他们遇到问题时不想办法解决，先是等一等，然后开始找各种各样的借口，于是这些消极的想法把他们的手脚都绑住了，成为前进的阻力；另一种人是踩着油门前进的，他们遇到问题时首先想的是如何把问题解决掉，是"问题终结者"，于是前进的路上充满了动力。

那些踩着刹车的人为自己的工作制造了许多阻力，使自己不能在职场上更好地生存和发展，那些"问题终结者"则在自己的岗位上尽情发挥，最终成为职场赢家。

> **"战拖"小贴士**
>
> 　　一个拥有超强执行力的员工,必定是一个"问题终结者"。他不但会麻利地解决问题,甚至会把问题变成机会。要知道,为自己开脱没有用,狡辩也没有用。你的错误是秃子头上的虱子——明摆着的。你以为上嘴皮和下嘴皮碰碰就能把别人糊弄过去吗?我们应该以主人翁的心态,将工作上的问题当成自己的问题,并在第一时间迅速解决。

第32堂课
0.1 > 0,差结果总比没结果强

　　很多人只想着完美的 1,却看不起微不足道的 0.1。当某件事成功的机会只有 0.1 时,他们因为惧怕失败而放弃了,于是得到了一个 0 的结果。但紧接着他们就开始后悔,认为自己要是早一点儿抓住那个 0.1 就好了,至少不用像现在这样一无所有。

　　对那些一直拖着不做的完美主义者来说,明白"0.1 永远大

于 0，一个差的结果总比没有结果强"的道理非常重要。

我认识一个朋友，大学期间他是学校里的"播音王子"。很多女生都喜欢坐在操场的一角，听他用标准的普通话来播报校园新闻。但是大学毕业后，"播音王子"却再也不是那个众女生爱慕的优秀男生了，而是一个每天待在家里的无业宅男。我知道，他的理想是当一名优秀的电视台主持人，那么他为何不去实现自己的理想呢？

原来，曾经有好几家地方电台请他当播音员，还有两家地方电视台请他去当主持人，但都被他拒绝了。

因为他说自己的目标是中央电视台的某节目主持人。朋友说，自己非那个节目不去，非那个节目的主持人不当。他觉得，那才是他的完美职业和完美人生，而其他工作根本不是自己想要的。但不幸的是，朋友已经往那个栏目组投过很多次简历，对方从来没有给他打过面试电话。显然，朋友根本达不到对方的要求。

但朋友仍然坚持那个理想，绝对不肯将就其他工作。到现在，朋友大学毕业近十年了，却从来没有出去工作过。他宁愿让自己长期面对着一个 0 的结果，也不肯接受一份差一点儿的工作。

显然，朋友是一个完美主义者，他一直追求自己的那份完美工作。但是，他可能不知道，自身的不完美使结果同样不完

美。大多数时候,世界并不是我们想象的样子。接受这个世界,接受你现在所面临的结果,才是理性的选择。

也许,有拖延症的你正像我的那位朋友一样,无法接受不完美的结果,那么你等的不是成功,而是放弃。不要认为既然不能发大财,就连一点儿小钱也不赚。人人都想成功,成功的机会不但会留给那些有准备的人,还会被那些拥有快速执行力的人抢走。如果没有结果是 0,完美结果是 1,那么差结果就是 0.1。试着接受它吧,要知道接受也是一种行动,是战胜拖延的一个步骤。将眼睛从目标上移开,暂时接受不够完美的结果,可能才是最终到达目的地的最好方法。

1. 接受不完美的结果,接受真实的自己

那些不肯接受不完美结果的人,往往是一些不愿意接受真实自己的人。他们不愿意接受不完美的结果,在执行力方面也会找各种各样的理由拒绝行动。时间一分一秒地过去,他们靠拖延获得自尊和安慰。但实际上,接受自己也意味着正确面对自己的价值观。

每个人都希望成为一个理想、完美的自己,但现实是每个人都做不到完美,也不可能完美。拖延症患者首先要做到的就是接受这个不完美的世界和不完美的人生,否则,他们就永远不可能在不完美的结果面前做出选择,他们会一直犹豫不决,

或者干脆直接放弃。

2. 与其忙着比较，不如大力投资个人资产

不愿意接受不完美的结果，却又没有实现完美结果的能力，这是很多拖延症患者的特点。而患有拖延症的完美主义者们在个人资产不足的情况下，却仍然斗志昂扬。就像我的那位朋友一样，明明没有那么强的能力，却仍然激情澎湃地将一个高难度工作当作目标。但事实是，光有个人斗志，没有个人资产，是很难产生成果的。

许多人有拖延的习惯，如果只是提高了个人斗志，却不注意个人资产的积累，只能继续拖延下去。

个人资产包括你的"知识""人脉"以及你运用时间的能力。如果能在这几个方面提升自己，差结果也会变成好结果。

> **"战拖"小贴士**
>
> 完美主义者很容易陷入非此即彼的极端状态。因此，在最优结果没有出现时，他们宁愿没有结果。
>
> 而这种心态也造成了他们一再拖延。他们会出现"明知道自己应该去做，但是总觉得那不是自己要做的""暂时先放一放，看看情况再说"的拖延想法。

第33堂课
主动记录你的工作进程并且报告

拖延意味着不敬业!

拖延意味着不尊重领导!

拖延意味着能力低下!

如果你拖延了,领导有理由将你炒鱿鱼!

领导交代你办一件很重要的事,你承诺得很好:马上就去办,放心吧。但是,扭头你就把工作扔在一边,去忙别的事情了。几天后,你突然想起了那项根本没有启动的任务。领导不断催你,但是你却玩起了"失踪"。你害怕上司会问起任务的进度,于是一整天都埋头拼命工作,当领导出现在你面前时,你甚至不敢抬头看他。你更希望领导从一开始就能及时监督你,让你每天汇报一次工作,而不是放任你,等到最后期限才过来问你。

小周是一家机械公司的技术员,公司销售到河北、天津等地的产品质量有问题，都会派小周前去维修。有一天，客户打来了报修电话，刚好是小周负责的城市。由于这次坏掉的机器比较复杂，因此领导给小周出差的时间是一周，一周内他必须返回公司报到。

接到任务后小周满口答应，一定会提前回来。但是来到客户所在的城市后，小周想，反正有一周的时间，客户也不急，不如先玩几天再说，等最后两天把坏掉的机器修好就行了。于是，小周开始在那座城市观光旅游，玩得不亦乐乎。而时间也在不知不觉中溜走了。等到只剩下两天时，小周不慌不忙地来到客户的公司，才发现两天的时间根本完不成任务。无奈，小周只好又花了三天的时间，把所有坏掉的机器修完，才灰溜溜地回到公司。

领导狠狠地批评了小周，说他故意拖延工作，执行力太差。小周开始后悔，为什么自己不早一点儿开始行动，非要拖到时间不够了才开始执行？

领导安排的任务，你很想马上去做，但总觉得还有时间，可以明天再做。有时候，你甚至希望领导是个手机控，你希望他随时打电话给你，监督你的工作，询问工作完成的情况。

拖延毁了领导对我们的好印象，如果不快点改变，也许还会毁掉我们美好的前程。为了不再没完没了地拖延，增强执行力，你不妨试试以下几招。

1. 主动向上级汇报工作

很少有人愿意不断向别人汇报工作,因为汇报本身比拖延更令人烦躁。但是,及时主动地向领导汇报工作有很多益处。

你会因此而不敢拖延。即使你向领导汇报的工作进度存在夸大的成分,仍然可以有效帮你对抗拖延的习惯。这适用于那些自制力比较差,又特别在意别人看法的人。

汇报必须是主动向领导提出的,应该在每天的同一时间进行汇报。汇报后,应该让对方给出指导意见,这样才能促使你继续行动。

有些人觉得跟领导过多接触非常难为情,或者会感到焦虑和轻度的恐惧。事实上,向领导汇报工作不但可以克服自己的拖延习惯,还能够给领导带来专注于工作的好印象。这至少证明你是一名认真对待工作的员工。在汇报工作的过程中,还可以建立起与领导之间的信任关系。

2. 不要等着别人来要结果

一个拥有超强执行力的人,一定是一个会主动工作的人。有些人总是等领导来要结果,等领导来催汇报,领导不来问,根本就把领导当成空气。

我一直觉得,与其等着别人来催,不如自己殷勤迎上。主动汇报工作并且及时报告,这绝对是职场人士克服拖延症的好方法。

"战拖"小贴士

很多拖延症患者,一旦工作时没有人监督,就会失去自控力。如果及时向领导汇报工作,领导对你的工作内容及时了解,自然会及时做出一些指导和建议。这无形中形成了一种高强度的监督,这种情况下,你的注意力会更多地集中在工作上,行动起来也会更加迅速。

第34堂课
打造你的自控力,拒绝诱惑

大学毕业后我工作过一年,由于受不了公司不人性化的制度,毅然选择了辞职。后来,我找过几份工作,也都不怎么理想,于是便在网上开了一家网店。每天除了管理网店,发发货,基本上没什么事情可做。

虽然网店的生意还不错,但是两年下来,我发现自己拖延的问题越来越严重。因为每天都是一个人在家,吃饭只吃外卖。要命的是,我迷恋上了网络游戏,有时候打到快要升级的时候,

即使有客户联系我,我也不愿意理会。

其实,我的朋友们都很羡慕我,认为我的工作时间归自己支配,不需要每天挤公交车,不需要看老板的脸色。但我却越来越觉得,自己正在失去对大脑的控制,正在做大量不理智的事情。

比如,打起游戏来根本不理客户;明明知道人是铁、饭是钢,还是说服不了自己按时吃饭;前段时间我想学英语,书买回来,到现在却连翻都没有翻一下。

我也知道应该好好打理网店,多学点东西,可就是控制不住自己。总想着玩游戏,不玩就觉得特别没意思。我根本就管不住自己,我该怎么办?

——女孩西西

其实所有人都一样,每个人都存在缺乏自制力的问题。有些事情明明知道应该去做,但就是不行动;有些事情明明不该做,但就是拒绝不了它的诱惑。

不管你的自制力如何,我们先来简单梳理一下,自制力到底是一个什么概念。

1. 自制力不是"优秀的我"来管理"拖延的我"

有人认为,超强的自制力就是优秀的自己管理贪玩、拖延、不上进的自己。其实,我以前也这样理解,于是每天都自己跟自己对话。

"你别玩了,赶紧工作吧,再不工作,任务就完不成了!"

"好的,我就再玩一会儿,一会儿就好。"

"再玩你就去死。"

"行啦,知道了,就玩这一次,下不为例。"

其实这种方式,跟一个严厉的老板督促一个偷懒的员工没什么区别。如此一来,你仍然在被别人管理,你把优秀的自己变成了领导,事实上那个拖延的你才是真正的你。因为是否真的开始行动,还是由那个拖延的你来决定。如果不能改变那个拖延的自己,不管你行动的意识多么强烈,仍然会拖延下去。因为在你的意识里,行动只是为了配合管理而已。

如此一来,你就会陷入一个不停命令自己行动,但是又总是不行动的怪圈。这样,你就会为自己的管理无力而焦虑,同时又为自己的不行动而内疚。你的思想就会因此而承受更大的压力,你的内心会变得永无宁日。因此,拖延症患者们应该破除"优秀的我"来管理"拖延的我"的思想。

不要把自己分开来看,你就是你。你是自己的主人,说干就干,你不需要听任何人的命令。

2. 放弃控制,变成"接纳"和"运用"

别在那里自说自话了,你只是在重复新的拖延而已。你应

该让两个"我"合二为一。你不再是被另一个自己管理的自己，而是一个完整的自己。没有谁在命令你，你也不必服从任何人。现实情况是，你正在拖延，你需要马上接纳那个拖延的自己。告诉自己，你就是自己的主宰者，你是在为自己行动，为自己做事。

你的身体里只住着一个你，因此你的举手投足，你讲出的每一句话、迈出的每一步，都是你在运用你自己。你应该为自己的任何一种行为而感到欢喜。打游戏很开心，工作也应该同样开心。因为两者是平行的，都是你运用自己、接纳自己的结果。

以前的你经常逃避、拖延，那是因为你认为行动就会有痛苦。但是现在看来，所有的行动都一样，都是你探索世界的结果。如果我们把痛苦看成一种独特的人生体验，可能逃避责任、拖延行动的概率就会降低。

3. 停止批评，管理好你的情绪

"我没有及时行动，给朋友造成了困扰。"

"我有拖延症，老板都骂我好几次了。"

"这一个月来，我不应该每天都玩游戏，但是我说服不了自己。"

"客户说，遇到我这样拖延的销售员，真是倒霉。"

"我觉得自己是个笨蛋,连自己都管理不好。"

"我为什么不能早点儿开始?那样会做得更好。"

……

停!请停止自我批评。过多的批评会让你失去自我控制的勇气。这样你会认为自己永远是个失败者,你只会更加害怕行动,更加拖延。

从另一个角度来说,当你对于别人的评价过分在意,对自己给别人造成的影响过分在意时,你的思想和行为就不只是由你一个人在控制,你的自控力就会弱到几乎控制不住自己。无论跟自己说什么,你都不会行动。

正如美国宾夕法尼亚州匹兹堡市的注册心理学家帕维尔·G.索莫夫博士在他的《像莲花一样生存》一书中所说:"我不是我对别人的影响,我不是他人对我的影响,我不是我所造成的影响。"

他还说:"影响是关于事物之间碰撞的信息,但是并没有特别关乎事物本身,无论你是否对别人有影响,无论这个影响是好是坏,都没有改变你的本质。不论石头掉进了厨房的水池还是掉在了地板上,石头还是石头。"

最重要的是,你已经不再是昨天的自己。而为了昨天的自己懊恼、悔恨,已经完全没有必要。你只需要在这一分钟做好你自己,在这一分钟,做你自己该做的事。这才是真正的你。

当然,你也不要憎恨那些批评你的人,因为今天的他们同样不再是昨天的他们。

4. 学会拒绝诱惑

也许前一秒你还在信誓旦旦地说要马上行动,努力工作,下一秒便打起了游戏;也许刚才你还为自己没有提前行动而懊悔,转身就把该做的工作扔到了一边;也许你曾经不止一次说要减肥,但是一坐到餐桌前,你又开始大吃起来,根本顾不上减肥了。

生活中充斥着太多诱惑,它们总是有意无意地毁掉我们安排好的计划。这些诱惑让我们的自制力瘫痪,让我们停滞不前,做起事来拖拖拉拉。所以,你需要学会拒绝诱惑,不管它有多么诱人。为什么不把工作做完后再去享受那些诱惑呢?

历史上有一个著名的"延迟满意度"实验,或许能给大家一些启示。

1960年,美国斯坦福大学心理学家瓦特·米伽尔把一些4岁左右的孩子带到一个陈设简陋的房间,然后给他们每人一颗非常好吃的软糖,同时告诉他们,如果马上吃掉软糖,就只能吃这一颗;如果20分钟后再吃,将得到一颗额外的奖励。也就是说,能够抵挡眼前诱惑的孩子,总共可以吃到两颗软糖。

有些孩子急不可待，马上把软糖吃掉。有些孩子则耐心等待，暂时不吃软糖。他们为了使自己耐住性子，或闭上眼睛不看软糖，或头枕双臂自言自语……

结果，忍耐的孩子终于吃到了两颗软糖。

实验之后，研究者进行了长达 14 年的追踪。他继续跟踪研究参加这个实验的孩子们，一直到他们高中毕业。

跟踪研究的结果显示：那些能等待并最后吃到两颗软糖的孩子，在青少年时期，仍能等待机遇而不急于求成，他们具有一种为了更远大的目标而暂时牺牲眼前利益的能力，即自控能力。

而那些急不可待只吃到一颗软糖的孩子，在青少年时期则表现得比较固执、虚荣或优柔寡断，当欲望产生的时候，他们无法控制自己，一定要马上满足欲望，否则就无法静下心来继续做后面的事情。换句话说，能等待的那些孩子的成功率远远高于那些不能等待的孩子。

虽然我们已经是成年人，不可能再返回年少时去重新检查自己的自制力，但是这并不妨碍我们学会自我控制。当诱惑就在眼前时，你可以闭上眼睛不看不想，深呼吸。当情绪平复下来时，相信你会比之前能更好地支配自己。

"战拖"小贴士

高尔基曾说:"哪怕对自己一点儿小的克制,都会使人变得强而有力。"

自我控制能力是个体在没有外界监督的情况下,适当地控制、调节自己的行为,抑制冲动、抵制诱惑、延迟满足、坚持不懈地保证目标实现的一种综合能力。它是自我意识的重要成分,是一个人走向成功的重要心理素质。

对于一个社会人来说,在某种情况下,自制力比智商更重要。

第35堂课
就算跳槽,也要努力到最后一天

也许你会纳闷,怎么跳槽跟拖延症又扯上关系了?

没错,很多人在以跳槽的名义拖延自己的工作。这种感觉,我曾经深有体会。当我想要跳槽离开一家公司的时候,便开始拖延自己的工作。在情绪上,我每天都觉得度日如年,如坐针

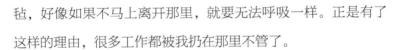

第六章 征服拖延，打造你的超强行动力

毡，好像如果不马上离开那里，就要无法呼吸一样。正是有了这样的理由，很多工作都被我扔在那里不管了。

领导？我才不怕领导，因为我很快就要跳槽了，他也将不再是我的领导。业绩？我马上就要去一家梦寐以求的大公司了，这里的业绩我已经不在乎了。扣工资？想扣就扣吧，反正最后发多少，还是他们说了算。

相信很多人跟我有同样的感受，那就是跳槽的想法一出现，明明是个好员工，竟也变成了一个混混。不仅如此，他们上班时进入不了状态，打不起精神，对客户也变得心不在焉，到了下班时间恨不得马上收拾东西走人。拖延症患者意志力差、耐性差的特点再次表现了出来。

有人说，我只是在跳槽前一段时间这样，其他时间我是非常积极努力的，所以我不觉得自己是在拖延。我想说的是，其实大多数拖延者并不是每一件事都在拖延。在很多事情上，他们甚至比普通人还要积极。但是，这并不能掩盖他们的拖延。要想彻底战胜拖延，需要做的是攻克每一个拖延的细节，而不是找借口放任自己。因此，你可以跳槽，但不能跳得没有节操。

看看我们自己，很多人从原来的公司离职时，是带着遗憾和愤怒离开的。其实这并非因为老板吝于言语上的褒奖，而是因为你实在没有给人家留下什么好印象。

1. 离职也要传递正能量

有些人离职前一个月就开始和公司闹别扭,到离职时干脆跟领导吵一架作为"结束进行曲"。但这样做却给我们日后的工作埋下了"地雷"。想想看,如果你还想继续在这个行业里待下去,说不定哪天就跟前东家碰面了。古人常说,君子报仇,十年不晚。说不定哪天,跟你结下仇恨的同事或者领导就开始"炮轰"你了。不管你为什么跳槽,也不管你在公司里有多委屈,好聚好散是对他人的一种尊重,也是对自己的尊重。

不要有太多抱怨,也不要有太多计较。抱怨和计较会消耗你心里的能量,让你在做其他事情时变得力不从心。

我有一个朋友,她是个满肚子苦水的人。她常利用工作时间在微信中向大学同学抱怨老板,有时候一抱怨就是两个小时。等她抱怨结束时,常常因为糟糕的情绪一个下午都没办法工作。

别把你内心的挣扎归咎于别人,这世上本来就没有十全十美的工作,就像没有十全十美的人一样。聪明的跳槽者是"骑驴找马",而愚蠢的跳槽者却是"卸磨杀驴"。

需要提醒你的是,千万别做一个总打算跳槽的人。如果决定了,就坚定信念,遇到合适的公司别犹豫,该跳就跳。最要不得的是那些想跳槽又怕新单位压力太大,不跳又觉得待在原地没什么意思的人。青春没几年,再拖下去你就老了。

2. 别把旧工作拖进新单位

有些员工离职时很匆忙，手上的工作还没有交接好就已经消失无踪了。要知道，这样的行为非常不好，因为它会影响你在行业里的名声。真正负责任的人不会让别人为自己打扫战场，他们会做完自己的事再离开。

留下烂摊子给原公司，这是一种非常令人讨厌的拖延。假如你用这种方式拖延了工作，对新工作也会带来不好的影响。

小赵是一家公司的数据统计员，他决定跳槽到一家世界500强企业。经过一轮又一轮残酷的面试，新东家要求小赵一个星期内到岗。小赵知道，一个星期完成工作的交接根本是不可能的。但是小赵害怕新东家不高兴，便在交接工作还没有完成的情况下，态度强硬地要求离职。小赵对上司说："所有的文件都在这里，我走了以后如果出现什么问题，再打电话找我也是一样的。我要求公司尽快办理离职手续。"

公司领导因为不想再看到小赵那张不耐烦的脸，同意了他的要求。离职后，小赵感觉非常开心，那些烂摊子终于被自己甩在身后了。到新公司报到后，面对比原来好很多的工作环境，小赵决定在这里大干一场。但刚过了5天，原公司的电话便不断地打过来，都是交接上的问题，有些数据明明做了备案，却在电脑上查不到。如果小赵和接手的员工当面交接，很多问题可能就比较简单了。但小赵刚入职不久，怕给领导留下不好的印象，所以不敢随便请假。

交接的问题太多，小赵不断接到原公司打来的电话，这严重影响了他的工作状态。几天下来，小赵变得非常沮丧，愁眉不展。终于，新公司领导知道了小赵和原公司的事，便开始提防小赵，不敢再委以重任。

完成自己负责的工作，并顺利交接完再离开，这应该成为所有职场人的离职准则。如果做不到这一点，就不要离职。妥善交接是一个人的基本职业操守。有句话叫"善始善终"。既然入职的时候勤奋努力，离职的时候也依然要爱岗敬业。

有些行业的交接工作非常烦琐，员工应该考虑到这些问题，给交接工作提前预留出足够的时间。如果公司人员紧张，一时找不到可以替代的员工，我们也应尽量理解原公司领导的难处，向新东家解释清楚。一个负责任的人到哪里都会受欢迎，新东家也绝不会介意我们的认真负责。

> **"战拖"小贴士**
>
> 努力工作到最后一天，从深层次来看，其实是为了培养我们的责任心。缺少责任心的人，就会出现推诿、抱怨、拖延与执行力不足的情况。
>
> 一个人的责任心增强了，行动力也会增强，拖延的频率也会相应地降低。

测测你的自控力

1. 有一件很重要的任务需要你晚上在家加班完成，但是这时刚好有很久不见的朋友约你下班后去唱歌，你很想去放松下，你会（　）

A. 忍痛拒绝朋友的邀请，留在家里加班

B. 和朋友唱完歌，回到家里再挑灯夜战

C. 管它什么任务，唱个通宵，第二天再说

2. 还有一个小时下班，同事们都在聊天、打游戏、吃东西，你会（　）

A. 仍然认真工作

B. 一边工作，一边和同事聊天

C. 像同事们一样，聊天、打游戏或者吃东西

3. 冬天外面很冷，被窝里总是很温暖，你会（　）

A. 每天都按时起床

B. 留恋被窝，偶尔睡一睡懒觉

C. 经常留恋温暖的被窝，所以经常起不来

4. 有时候，你会觉得心情烦躁，不想工作也不想学习，你会（　）

A. 仍然坚持当天的事情当天完成

B. 勉勉强强应付

C. 心情不好，把当天的工作推到第二天再说吧

5. 晚上你在书房里学习，但是家人却在你旁边玩游戏、讲有趣的故事，你会（　）

A. 专心致志地做自己的事

B. 虽然在看书学习，但是不断向家人插话，或者出主意

C. 受不了诱惑，直接把书一扔，然后和家人一起玩或聊天

6. 当你正在认真地完成一项工作时，同事走过来热情地邀请你跟他一起去印制部看公司新制作的宣传画册，你会（　）

A. 委婉地拒绝

B. 匆匆忙忙赶完工作，然后跟同事一起去

C. 反正都是为了工作，于是立即丢下手头的工作，飞奔而去

7. 有一位领导要开公司网络会议，但你手上还有一件工作没有做完。你会（　）

A. 放下工作，聚精会神地听领导的网络讲话

B. 一边参加会议一边忙自己的工作

C. 聚精会神地忙工作，领导说的话可以回头再看会议记录

8. 上班时,你的同事或者网友想和你聊天,你会( )

A. 不理他或婉转地回绝他

B. 漫不经心地应付他

C. 和他聊天

9. 你通常( )

A. 不管领导在不在都认真地工作

B. 只有领导在公司才认真工作

C. 领导盯着时也只是装装样子,心里非常不愿意工作

10. 当学习和娱乐发生冲突时,你会( )

A. 马上学习

B. 先娱乐,再学习

C. 尽情娱乐,忘了学习

评分标准：

选"A"记5分,选"B"记3分,选"C"记0分。
仔细算一算,看看你得了多少分。

参考结果：

45~50分：恭喜,你的自控能力很强。你完全懂得如何安排自己的工作和生活。你懂得尊重他人,也总是按时完成任务,拖延在你身上基本上没有发生过。继续保持下去,成功离

你最近。

35～44分：你的自控能力较强。你是个理性的人，知道什么对自己最重要，什么是次要的。但是，你也有禁不住诱惑的时候。需要注意的是，如果你对自己再多一点松懈的话，之前建立起来的好习惯可能会一点点消失。因此，你需要加油，对自己要求严格一些。

25～34分：你的自控能力一般。比上不足，比下有余，你是那种最可塑的类型。再努力一下，就会变成自制力较强的人。

15～24分：你的自控能力较差。从表面上看，你是那种与世无争的人，但实际上你并不服气。不仅仅是在工作和学习方面你的自控能力较差，在情绪方面，你也很容易陷入神经质的状态里。塑造超强的自制力，完善自己的性格，对于你来说任重而又道远。

15分以下：你的自控能力相当差。你的工作和学习效率极低，每天甚至每时每刻都在拖延。你最痛苦的事就是承担责任，你甚至想放弃眼前的所有，到一个没人认识的地方隐居。如果不试着改变，等待你的就将是一事无成。

第七章

给超重的大脑"减肥"

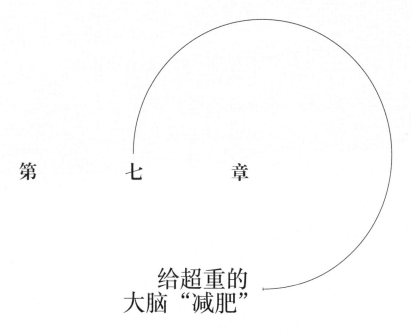

拖延症永远都比你想象的顽固！它会通过各种方式来扰乱你的生活，比如"周一综合征""假期失忆症""大脑肥胖症"等。因此，拖延症在很多人身上变得反反复复，难以根除。

良好的生活习惯和作息制度，可以有效帮助你打败拖延症。不仅如此，节约使用大脑，控制情绪，合理交友，都可以为你的"战拖"计划锦上添花。

第36堂课
如何告别"周一综合征"

"小兰(小兰是我的乳名),起床啦!"

"小兰,上班啦!"

"小兰,起床啦!小兰……"

曾几何时,老妈喊我起床上班的声音像一种可以杀死地球人的天外魔音,一声声置我于死地。我原本已经被闹钟叫醒,也早已决定在最短的时间里起床上班,但老妈那一声声催促,让原本就有"周一综合征"的我瞬间崩溃。

"小兰……"

"妈,我求求您了,别再雪上加霜了行吗!"

"雪上加霜?从何说起呢?"老妈带着重重疑惑开始了她的第十五遍催促。无奈,我终于在最后时刻,哭笑不得地从床上爬了起来。

没办法,顽固的中重度拖延症加上一个没完没了催促的老妈，曾一度让我在无数个周一的早晨几近崩溃。

相信很多人和我一样，曾经经历或正在经历恐怖的星期日晚上，直到可怕的周一早晨来临，然后拖着疲惫的身体上班。接下来的日子，痛苦和压力如影随形，等到周五下午时，一想到可以休息两天，整个人就会像松了口的气球，嗖一声就旋转着飞上了天。等到玩够了，从天上降落到人间时，正好是周日晚上。我们的倦怠和沮丧又会慢慢聚集，直到周一早晨凶猛发作。

正因为这样，才有了那句"世界上最遥远的距离不是生与死的距离，而是从星期一上午到星期五下午的距离"。周一到周五太过漫长，作为漫长历程的第一天，星期一就显得更加熬人。不仅仅是心理的反应，我们生理的反应还有全身酸疼、双眼干涩、昏昏欲睡，甚至是漫无边际的倦怠情绪……

据有关机构的调查数据显示，周一到医院就诊的病人明显高出其他工作日的10%~20%。大多数就诊者向医生反映自己的症状是头痛、四肢无力、血压升高、精神欠佳等。虽然这些求医者不一定都患上了"周一综合征"，但这至少说明，周一确实是人们生理和心理容易出问题的日子。

与普通拖延症患者相比，患上"周一综合征"的人拖延症状更加严重。就像一个患了感冒的人，只要他告诉别人自己感冒了，就可以理所当然地、时不时地用纸巾擤一把鼻涕。

可能每个人都会有厌倦工作的情绪，但如果是长时间的、

无法控制的、近乎病态的情绪，你就需要提高警惕了。"周一综合征"的可怕之处，不在于它会影响你的工作，而在于它会完全打乱你的"战拖"计划。

可能你欣喜若狂地坚持了五个月番茄时间工作法，觉得自己快要变成"战拖大神"了，但是"周一综合征"发作后，你实在顶不住压力，不得不请假在家休息几天，结果，你直接辞职当了"背包客"。暂时离开工作环境、离开重压状态没什么不对，但令人惋惜的是，你的"战拖"计划又泡汤了。你忘记了自己还有一个更重要的任务——战胜拖延。

俄国生理学家、心理学家巴甫洛夫的动力定型学说其实正是对"周一综合征"的最好解释。套用他的说法，"周一综合征"其实是旧的动力定型被破坏，新的动力定型又难以建立而出现的混乱状态。如果我们能有效控制这种混乱，就很容易跟"周一综合征"说拜拜了，而你的"战拖"计划又可以顺利进行了。

1. 周六、周日不要玩过头

好不容易熬到了周末，一定要尽情放松。正是因为有了这样的想法，很多人会在周六、周日娱乐过度，比如，有些人利用周日打一整天游戏，即使疲劳了也不肯休息，因为他们觉得上班后就不能玩了；有些人看完电影还要去唱歌，唱完歌又要去喝酒。任何事情都一样，玩过了头就变成了负担。

我们应该在周六、周日通过有氧运动得到放松，比如早晨跑跑步、打打球，或者干脆在家里做做家务、读读书。上班前一天进行过于刺激和兴奋的活动，只会让你周一上班后身体疲惫，精力不集中，心情烦躁。因此，任何时候都不要玩过头，不论是长假还是短假。

2. 周日晚上提前做计划

不管是身在职场的年轻人，还是学习任务比较重的学生，提前一天做好第二天的工作计划或学习计划都是非常重要的。

俗话说："早办三光，晚办三慌。"很多人周一精神状态不佳，做事拖延。假如他们能在前一天晚上把周一要做的工作提前计划好，周一的不良情绪就会少很多。别再说还有时间，如果你不想承受周一身体和心理的双重痛苦，就一定要提前一天计划好第二天的事情。

3. 周一听一听旋律优美的音乐

永远不要忽视音乐的力量，它可以让一个意志消沉的人重新燃起希望。我的朋友和家人都知道我特别喜欢听音乐。当我对生活失去信心，心情烦躁，又不愿意向任何人倾诉的时候，就会戴上耳机听一些旋律优美的音乐。

每次听上二十几分钟，整个人就会觉得轻松许多，心情也

好了,工作和生活的激情又在我的脑海里瞬间被点燃了。我经常会在听完一首美妙的乐曲后告诉自己:"生活如此美好,我却如此拖延,我要振作起来努力工作,好好生活。"

通过听觉的刺激和内心的自我暗示,我现在已经形成了一种习惯,只要精神状态不好或者觉得身体懒散,就会打开音乐。听完,我的心情就马上好了,工作状态也很快回来了。其实,这些方法和巴甫洛夫的条件反射原理不谋而合。巴甫洛夫的实验中,那条关在笼子里的狗只要听到铃声就会很开心、很兴奋地流口水。而我只要一听到好听的音乐,什么都不想了,心情也会很快好起来,整个人也变得很有力量。

"战拖"小贴士

美国著名作家、演说家、幽默大师马克·吐温曾经说:"如果你每天早上醒来之后所做的第一件事就是吃掉一只活青蛙,那么你会欣喜地发现,在接下来的这一天里,再没有什么比这更糟糕的事情了。"

拖延者最大的问题在于迟迟不肯行动,总是要拖到最后一刻。假如让你选择在周一早晨起床后必须吃掉一只活青蛙或必须精神抖擞地快速工作,相信所有人都会选择后者。人们不仅会选择后者,同时还会感觉自己有选择的机会真是无比幸运、无比幸福。

第37堂课
赶紧给超重的大脑"减肥"

可能你只知道我们的身体会肥胖,却不知道人的大脑也会"肥胖"。

没错!正是逐渐"肥胖"的大脑让我们的拖延习惯久治不愈。手机成了我们最好的朋友,互联网让我们的工作变得轻松,信息的传输变得迅速而便捷。但是,无数人正在被大量信息湮没。

你好像每天都通过互联网跟他人保持联系,有说不完的话;同时你也好像每天都有看不完的新鲜刺激的信息,直到自己疲惫不堪。于是,你没有时间处理那些真正重要的事情,你在消极怠工,你在缩减和家人在一起的时间。

"85后"小刘是自由撰稿人。最近,她渐渐发现自己每天至少有三分之一的时间不知道在做什么。即使有稿件要写,坐在电脑前,小刘仍会不由自主地先浏览一番各大网站,虽然心里焦虑不堪,但仍然忍不住东点点西点点。一番浏览下来,小刘就会感

到茫然无措,注意力涣散,打好的腹稿也已经支离破碎了。

小刘还是一个微博控,每天就算吃饭、上厕所都会抽空浏览并且转发微博。由于长期依赖网络交流,小刘渐渐不适应与人面对面交谈了。跟朋友或编辑在微信上交谈时,会很愉快、很顺畅,但与他们面对面交谈时,则变得安静内向,轮到她发言时,还会表现得很紧张。虽然小刘拥有7位数的粉丝,却因为工作一再拖延,而丢掉了好几笔约稿。

无独有偶,在北京一家广告公司做文案的小唐,也是一个大脑"肥胖"者。入职两年多以来,小唐一直表现得很好。但最近,他发现自己的记忆力出了问题,几分钟前领导告诉他的事,几分钟后就想不起来了。

有一天,小唐非常认真地聆听完领导的重要指示,但等他从领导的办公室出来,坐到自己的电脑前时,大脑却一片空白。领导刚才说了什么,小唐竟然全都想不起来了。"健忘"的情况在小唐身上每周都会发生几次。

最糟糕的是,小唐发现自己很难专心做一件事。他每天至少有5个小时伏在网上,微信、微博、豆瓣、B站等,每天至少有三项同时处于登录状态。

工作时,小唐每隔几分钟就会被打断一次。有时候,就算没有人打断,他也会自己打断自己,总想利用网络跟朋友联络一下。而小唐的思绪一旦被打断,就需要花很长时间恢复。小

第七章 给超重的大脑"减肥"

唐明显感觉自己开始拖延,工作效率越来越低。

长期使用符号化的网络语言和网络表情交流,会使人们对现实生活中的人际关系产生不适应感;对社交技巧的掌握也会变得笨拙不堪;不仅如此,人们还很容易误解别人的意思。这也使得习惯于网上交谈的人无法适应在现实中与人交谈。因此,人际互动时,习惯于网络的大脑"肥胖"者们就开始退缩,开始拖延。

要知道,一心多用并不是多项任务同时进行,而是大脑不断地在不同任务间转换频道。转换的频率越高,脑力被消耗得越多,人的注意力也就越匮乏。职场白领大多忙碌不堪,工作一天下来心力交瘁,但真正用于工作的时间却并不多。表面上,现代人的反应变快了,信息承载量变大了,多任务处理能力增强了,实际上,我们的大脑正在"发胖",认知功能正在慢慢退化。如果你的大脑长期处于高度紧张状态,就无法仔细、认真、高效地做事,拖延也就在所难免了。

美国心理学家威廉·詹姆斯发明了一个游戏:在一张白纸上画一个点,然后让人尽可能长久地盯着它看。詹姆斯认为,人的大脑无法长久地聚焦在一个点,或者任何一个静止的物体上,哪怕只有几秒钟。因为它如此渴望变化、惊喜,以及对无知的探险。它会不断寻找新的角度来聚焦这个点:形状的差异、与纸的关系、寓意上的想象,比如它像不像一只眼睛或苍蝇。

正因为大脑对信息的渴求异常强烈,因此,互联网中各种各样新鲜的、刺激的信息充斥着我们的大脑。中国有句古话叫"解铃还须系铃人",因此,在全方位扫除拖延隐患的路上,我们应该努力减少信息对大脑的刺激,从而实施大脑的"减肥"计划。

1. 适时打个小盹儿

很多人就算又累又困,也仍然会坚持留在电脑前,企图通过聊天或者浏览网页等方式缓解压力。当我们头脑混乱,做什么都没有心情时,留在电脑前只会让我们更加疲惫。反正无法继续工作,你倒不如趴在办公桌上休息10~30分钟。

要知道,打盹儿对大脑的刷新程度相当于重启电脑。如果有条件,小睡60分钟则是更理想的状态。

2. 放下鼠标做运动

很多人每天使用电脑的时间超过了11个小时。但同时又有很多人在一天结束时感叹:一天过去了,该做的工作一件也没做。因此,在某种情况下,一天中坐在电脑前的时间跟工作效率没有太大关系。

假如你能放下鼠标,到走廊里做做运动,呼吸一下新鲜空气,或者走到绿色植物前放松一下眼睛,便可以有效地刷新大脑,起到给大脑"减肥"的作用。

3. 戴上耳机

很多人长时间乘坐地铁会觉得身心疲惫。其实，这和大脑在车厢里接受了大量嘈杂的声音，尤其是人的声音有关。如果不能有效减少这些声音的刺激度，大脑就要不断分析并且消化这些声音信息，这无疑会加重大脑的负担。

等到真的需要我们学习或者工作时，大脑又会提前处于疲惫状态，那么拖延就在此时发生了。因此，假如你能在乘坐地铁时戴上耳机，营造一个属于自己的"刺激庇护所"，断绝与周围的信息交流，就可以实现大脑的"清静"。

4. 使用番茄计时器

相信你一定学会了简单实用的番茄计时工作法。在给大脑"减肥"这一课里，番茄计时器同样要派上用场。在工作时，启动番茄计时器，将时间定格在 25 分钟处。当计时器"嘀嗒嘀嗒"地响动时，不要做除了工作以外的任何事。通过这种方法，我们可以有效减少走神的频率，增加每次只做一件事的专注度。

5. 制定"技术免疫日"

制作一份"技术免疫日"表格，在表格里填上适合自己的内容。以某公司员工小宋所制定的表 7-1 为例：

7-1 技术免疫日表格

时间	免疫内容
星期一	无微信日
星期二	无网日（不登录微博、B 站以及各大网站）
星期三	无消息日（不发消息，如需要回复他人，则电话回复）
星期四	无邮日（不发邮件）
星期五	
星期六	
星期日	无手机日（只接不打，需要打电话时，短信回复）

这个表格只是给大家一个参考，你需要根据自己的工作内容，制作出对自己更有利的"技术免疫日"表格。在"技术免疫日"里，人的大脑处于"减负"状态，精力和注意力就会提高，工作效率也会提高。

有些朋友曾经问我，在"技术免疫日"里会不会因为中断了某一项联系而错过什么？别担心，越是成功的人越讲究原则，对时间的安排越有条理性。当你坚持原则的时候，你的客户或者上司也会感受到你的认真负责。

相反，假如你的手机、微信、邮箱随时待命，你的客户或者朋友就有可能跟你谈一些无关紧要的事，你的工作就会不断被打扰。如果真的有很重要的事，对方在微信上找不到你，还会打电话给你的。

"战拖"小贴士

"大脑肥胖症"又称为注意力匮乏症,心理学家认为它表现为注意力分散,属于一种大脑认知上的流行病。

现代生活节奏快,网络信息碎片化,我们仔细观察就会发现,电子时代人们注意力涣散的情况日趋严重,专家将之形象地称为"大脑肥胖症"。"妄想纷飞"这个词古已有之,用来形容这种大脑认知上的流行病也很贴切。实际上,如果我们能了解自己为何注意力匮乏,就能治愈这种流行病。

互联网让电脑成了一个可以捕捉大量信息的有效工具。不管手头的工作多重要,总有一些更刺激、更有趣的新闻来分散人们的注意力。

你每天大量地浏览网站,认为那是获知天下事的最好方法,事实上,大量的、过于琐碎的信息片段只会让我们精力分散,注意力匮乏。而在知识储备方面,也会流于肤浅。

第 38 堂课
做事前,做周密、务实的计划

你想减肥,但你是个拖延大肉虫。从发誓减肥那天起到现在,你不但没有减掉一斤体重,反而又长了三斤。你的家人每天都要听一遍你的誓言,尤其在你刚刚放下碗筷,擦干净嘴巴的那一刻。你不是每天都在命令自己减肥吗?为何你的命令没有起作用呢?

有时候,不是你的身体没有听从大脑的指令,而是大脑发出的指令很模糊,根本不具有强有力的可行性。正因为这样,尽管你的大脑一再发出指令,要减肥,要少吃,但是你的身体却仍然心安理得地大吃特吃。

我认识一位宝妈,她有三个孩子。

面对三个顽皮的孩子,她不得不花费很多精力去管教他们。有一段时间,每当她命令他们离开电视,回到书房写作业时,孩子们都会无动于衷,继续津津有味地看动画片。看着三个孩子不理不睬，深爱着孩子的妈妈没办法了，她把只有两岁的孩子哄进了卧室，老大和老二就只能任由他们了。等到下周，两个稍大的孩子从全托学校回到家时，这样的情景又会出现。

妈妈高声叫喊着让他们去写作业，仍然没有人回应。无奈，妈妈又把最小的孩子抱进了卧室，独自生气去了。而客厅里那两个稍大的孩子正欢快地在电视机前手舞足蹈。

为什么他们这样不听话？他们也经常说会听我的话，但为何真正做到却这么难呢？带着这样的疑问，这位妈妈开始寻求身边人的帮助。

你是否觉得，这个妈妈就像我们的大脑，两个不听话的孩子就像我们的身体？如果妈妈可以发出更明确的指令，孩子可能就不会把妈妈的话当成耳旁风了。

1. 指令不够具体，执行者就可以一拖再拖，最后拖到不去执行

假如妈妈告诉孩子，15 分钟后，也就是晚上 7 点整必须关掉电视去写作业。这样一个带有时间性的明确指令，会让孩子意识到，7 点是一个临界点，过了 7 点再不去写作业就是犯错。这可比妈妈一味地喊"写作业去"更能激发孩子的行动力。

因此，当你想要让身体顺利听从大脑的安排去完成工作时，就要有具体的指令。任何含糊、模糊的指令，都会给自己埋下拖延的隐患。

2. 足够力度的惩罚，可以有效减少执行者的拖延

假如妈妈对孩子说，如果 7 点整不去写作业，我就要把电视关掉，并且整个周末都不许看电视。既然孩子觉得看电视是最快乐的事情，那么就要以终止这种快乐作为惩罚，让孩子意识到不写作业就会痛苦，写作业就可以换来看电视的快乐。这样一来，指令就变得有效了，孩子们就会乖乖地去写作业。因为他们害怕承受不看电视的痛苦。

而我们对待自己也是同样的道理。为了控制自己的拖延症，请自己设置严厉的惩罚机制。比如，如果自己没有按计划完成任务，就罚自己一周不许吃零食等。

3. 及时奖励，以便强化良好的行为

假如在一个家庭里，对于妈妈的话，有些孩子不执行，有些孩子却乖乖地执行，妈妈就应该及时奖励那些执行命令不拖延的孩子。如此一来，执行的行为得到了强化，不执行的行为被漠视。当然，这更适用于同一个孩子身上。当他立即执行，一点儿也不拖延的时候，妈妈要及时给予奖励；当他拖延不听指令的时候，就撤销奖励。长此以往，孩子的正面行为得到强化，负面行为得到了抑制。

对于一个发誓减肥却又拖着不实行的人，或者想努力却不努力的人，以上方法同样适用。然而，每个人的情况不一

样,所面临的具体问题也不一样。如果我们的大脑想让身体高效执行指令,不再拖拖拉拉,就需要制订周密、务实的计划。正所谓意在笔先,提前计划好行动的每一步,这样你才能像上了发条的闹钟一样,准时而又准确地走好每一步。否则,你也只是笼统地要求自己,仍然很难实现打败拖延症的愿望。

那么,怎样制订有助于打败拖延症的计划呢?

1. 计划内容一定要具体

女孩小孙的饮食和运动计划如表7-2所示:

7-2 饮食和运动计划表

时 间	饮食量	备 注	运动项目	备 注
星期一	七分饱		早:跑步 晚:打球	
星期二	七分饱		早:跑步 晚:游泳	
星期三	七分饱		早:跑步 晚:跳舞	
星期四	八分饱		早:跑步 晚:打沙袋	
星期五	八分饱		早:跑步 晚:打球	
星期六	九分饱		早:跑步 晚:打球	
星期日	十分饱		早:跑步 晚:打球	
总 结				

你能发现这份计划表的问题出在哪儿吗?事实上,很多拖延症患者一直在这样做计划。很多人甚至连表格都没有做过,

只是在心里对自己说"要减肥""要努力"。这其实正是很多人无法快速有效地实现自身愿望的症结所在。

不管你是谁，对付拖延症，你的计划越具体，你行动的目标就越明确，你行动起来就越容易，同时也越容易成功。相反，你的计划越笼统，你实行起来就越困难，同时也越容易失败。

假如把小孙的计划表改一改，可能执行起来更容易。即使她没有做到，也会非常清楚自己在哪个环节拖了后腿。

2. 计划一定是可行的、务实的

有很多人对自己的要求太高，恨不得几个月就从普通员工升为公司总经理，结果制订了一份根本不可能实现的计划。务实可行的计划对于执行人来说是非常重要的。一份不可行、不务实的计划很容易挫败执行人的自信心。不但会使此次计划泡汤，还会严重影响下一次计划的实施。因为，很多人会变得"破罐子破摔"，从此一蹶不振。

大家一定要知道，成功是计划出来的。好的计划是改变拖延的第一步，它会使你向着目标一点点靠近。

第七章 给超重的大脑"减肥"

"战拖"小贴士

> 大多数拖延者们不但在实行计划上有困难,在制订计划上同样存在困难。因为制订计划本身也是一种行动。因为不愿意付诸行动,拖延者们的计划往往是粗糙而又模棱两可的。
>
> 因此,说服自己在行动之前制订一份周密的、务实的计划非常有必要。

第39堂课
执行—回顾—评估—调整—执行

"为何坚持使用了半年的番茄时间工作法,到现在我的工作效率又开始变差了呢?"

"为何我的瘦身计划最开始管用,到现在就没什么效果了?"

"为何我的'战拖'计划从一开始就不管用?一年过去了,我仍然是个重度拖延症患者。别人的拖延症都治愈了,为何我

仍然在拖延?是不是我自己出了什么问题?"

其实很可能都不是!

作为计划的执行者,你也许忘了随时回顾,并且及时做出调整。不管一个人的计划多么完美,他都需要及时回顾,然后对行为结果做出客观的评估,并对计划进行合理的调整。调整后的计划,在执行的过程中也仍需要执行人及时回顾,及时评估,及时调整。

"执行—回顾—评估—调整—执行"是一个循环反复的过程。当拖延症的恶性循环肆虐你的青春时,你应该让回顾调整的过程成为与之对抗的良性循环。如此一来,才不会出现执行了很长时间,发现没有效果便轻易放弃的情况。

1. 执行的同时,要对结果持续记录

我们都知道,在沙漠中行走的人很容易因为迷失方向,最后粮尽水竭,绝望而死。如果人们不迷路多好,就算在沙漠里找不到令人惊喜的绿洲,原路返回也可以保住一条命。但是,大风用它那神奇的大手抹去了人类的足迹。我们无法随时回顾自己走过的路,更无法知道自己将要去往何方。于是,人们不仅仅是迷路,还会产生心理上的绝望。

同样,不管你在执行哪一种计划,回顾都是一件非常重要的事。而记录就像你在沙漠中留下的足迹,它对你最终能否走出沙

漠有着非常重要的意义。记录是回顾的前提条件，如果没有具体详细的记录，仅凭大脑的记忆来回顾，出错率是非常高的。

2. 评估结果，并且不断调整

你要怎样衡量计划的有效性和合理性？你要怎样判断你的行为正确与否？"实践是检验真理的唯一标准"，如果没有评估，也就无所谓对错。如果一个学生从来不考试，那么他可能永远都不知道自己哪里没学会，哪里已经记得很牢。

假如你实行的是一些小计划，一周一次评估是比较理想的状态。每周抽出 1~2 小时的时间，给自己开个小会，将现在的自己和最初的自己做对比，然后写一篇一周小结。一个月下来，你会拿到四份小结报告。而在此期间，你可以根据小结报告来调整计划。

有一个正在减肥的人，他的计划是每天早晨慢跑 30 分钟，但是经过综合评估以后，他发现自己的体重并没有减轻多少。于是，他加长了慢跑的时间，同时增加了游泳的项目。两周后，他再次进行评估时发现结果令自己很满意。

3. 调整后，在加强的基础上重复

调整不但可以让你达到最佳状态，而且可以让你获得持久有效的改变。世界潜能大师安东尼·罗宾在《唤醒心中的巨人》一书中曾说："要想获得持久有效的改变，调整是必不可少的。

最简单的调整方式就是不断重复新的行为,直至神经链从'线丝'变成'麻绳'。"

确实如此,人们常说,习惯是很难改变的。这是因为人们的习惯往往是在日积月累中慢慢形成的,等到人们意识到坏习惯不好,想要将其改掉时,又总是期望几个月甚至几天就能把坏习惯彻底赶跑。这其实是不可能的。

就拿拖延症来说,大多数人的拖延习惯都是从幼年时期慢慢积累,直到18岁以后,才形成固定的拖延思维模式和行为习惯。拖延症的形成,其实正是不良习惯不断重复的结果。而要想改正,也同样需要好习惯的不断积累和多次重复。

安东尼·罗宾这样形容重复行为:"只要你用心一而再、再而三地重复这一新行为,追求改变,那么你的神经渠道就会越来越宽,最后变成'高速公路',你能一下子到达新的行动,长此以往就会成为日常习惯。"

对于拖延症患者来说,"执行—回顾—评估—调整—执行"其实也是一个需要重复的过程。有的朋友开始疑惑,这个过程对拖延症患者有什么帮助吗?

帮助太大了!甚至是决定性的。这一过程几乎适用于所有计划。如果你不能成功完成这一过程,你的'战拖'计划很可能就会半途而废。

> **"战拖"小贴士**
>
> 很多人雄心勃勃地做了计划,但是不知道现实往往是复杂多变的。除了我们自身的因素,外界的因素也会成为我们执行计划时的障碍。因此,"回顾—评估—调整"等环节有利于我们更灵活地对待目标。
>
> 在评估的过程中,拖延症患者会进一步了解自己,从而为进一步调整做准备。有的人认为调整目标就代表失败,其实恰恰相反,如果一个人从来不修改目标,他极有可能会走向失败。

第40堂课
控制你的痛苦和快乐

几乎每一个拖延症患者都希望自己有所改变,但是一直以来,大多数人都未能如愿。于是,很多人备受挫折,时常沮丧。

虽然每个人都知道要想改变就得行动起来,就得去做。但是,我们的大脑经常处于懒惰状态,腿和胳膊总是像被人用绳

子捆住了一样。于是,"行动"这两个字经常从我们的口中说出来,却未见大家真的行动。

前面我已经说过,拖延症患者之所以拖延,有的是因为不自信,有的是因为害怕失败,有的是因为追求完美。当然,还有一部分人是因为懒惰。但是,不管因为什么原因拖延,是否有一种原因,可以解释所有的拖延呢?

如果找到这种原因,我们在战胜拖延的路上是不是就前进了一大步呢?

其实所有的拖延都可以用一个原因来解释,那就是"追求快乐,逃避痛苦"。我们之所以会拖延,是因为拖延可以让我们逃避痛苦。拖延下去,我们就可以免受失败的责罚,可以不用承担后果,可以不去身体力行。有人说,劳动最快乐。在拖延症患者心里,劳动可以很快乐,只要不是立即行动。

快乐和痛苦,正是左右我们的思想和行动的两个砝码。通常情况下,我们做任何事,大脑的潜意识都在指引我们追求快乐,逃避痛苦。当然,这就关系到了自制力。如果一个人自制力很强,他即使感到立即行动是痛苦的,也能够用理性来说服自己行动。但是,长此以往,立即行动将和痛苦更加紧密相连。

很多职场人虽然在行动上表现得很努力,私下里却表示自己的内心很焦虑很疲惫,并不快乐。很大一部分原因是他们错误地把行动和痛苦联系起来,把拖延和快乐联系在一起。因此,现在你需要写下拖延的痛苦和行动的快乐。换个角度想问题，你的行动就会朝着不拖延的方向改变。

1. 找出"立即行动后，你将收获的快乐"

将行动跟快乐联系起来，行动就意味着获得快乐，可能立即行动就会变得更容易。你必须忽略立即行动带来的痛苦，让自己变成一个只关注立即行动所带来的快乐的人。

①立即行动，就可以提前完成任务，余下很多时间尽情地玩；

②立即行动，将有更多时间跟家人在一起；

③立即行动，妈妈会很开心；

④立即行动，说明我非常优秀；

⑤立即行动，事情更容易成功；

……

你可以把自己设成一台只接收快乐，不接收痛苦的收音机。设定自己的接收频率，你会发现这样做除了能控制自己的行为外，还能收获更多快乐。

坚持一段时间后，你开始变得更有自信，你的人际关系会变得更好，你的意志会变得更坚定。你甚至会发现，自己之前畏首畏尾的性格也有所改变。

2. 写下拖延会带给你的痛苦

先来听一个小故事。有一次我去听一位成功人士的演讲，他在现场做了几个小测试，虽然都是非常简单的问题，但却令人深思。

讲师："假如我这里有一万元人民币，现在要送给你们，你们开不开心？"

观众齐呼："开心。"

讲师："但前提是，你们必须吃下一碗蟑螂，才能得到这一万元！愿意吃的请举手。"

台下一片哗然，没有人举手。

讲师："现在吃一碗蟑螂，将得到十万元人民币，愿意吃的请举手。"

台下的观众仍然不为所动。

讲师："现在吃一碗蟑螂，将得到一百万元人民币，愿意吃的请举手。"

台下观众再次哗然，开始有人悄悄把手举了起来。

讲师补充说："这可是一碗活蟑螂哟！"

之前举起来的手又马上放下了。

讲师继续说："现在吃一碗活蟑螂，可以得到一千万元人民币，愿意吃的请举手。"

这次，台下的观众纷纷把手举了起来。

虽然拿到一万元、十万元、一百万元人民币很快乐，但是大家为了不忍受吃蟑螂的痛苦，宁愿继续保持现在的生活。只有人民币所带来的快乐达到一定高度时，快乐的力量才会超过痛苦的力量，从而促使人们自愿改变自己的行为。

不难看出，痛苦的力量比快乐的力量大很多倍。一碗小小的蟑螂可以让人们不顾十万元、百万元，甚至千万元收入所带来的快乐。

因此，你可以试着把拖延带来的痛苦在办公桌上和卧室里各贴一份，每天早晨上班时和每天临睡前都看一遍。相信你会因为畏惧拖延带来的痛苦而快速行动起来。

①拖延，月底的奖金就没了；

②拖延，周末没办法去看电影；

③拖延，老妈就会失望、伤心；

④拖延，会遭到领导的批评和同事的嘲笑；

⑤拖延，就要独自面对失败；

……

"战拖"小贴士

有人减肥是因为瘦了就可以穿漂亮的裙子，走在人群中不会再被别人说是胖子。但是在减肥的过程中，既

不能享受美食,又要辛苦地运动,这些都是让人痛苦的事情。于是,减肥的行动被一拖再拖。

而工作中也会出现这种情况,如果老板对你说:"小王,好好干,到月底的时候发奖金给你。"可能你听完了,该怎样仍然怎样。但是假如老板走过来对你说:"要是不好好工作,月底不但不发你奖金,还要扣你工资。"可能你会马上打起精神工作。这其实也说明,痛苦的力量更大。

第41堂课
别再犹豫,请勇敢做决定

有一个男人,他看中了一条价值 1.2 万元的钻石项链,想把它送给自己的妻子。因为结婚时,他什么都没有给妻子买。送给妻子一件像样的礼物是他一年多来的心愿。但是,他每个月只有 3500 元工资。他的想法被妻子知道了,妻子对他说:"我们买不起那么贵的东西,我们的钱还留着买房呢,你要是买项链我就跟你离婚。"

他去请教朋友,朋友对他说:"人总要勇敢一次,如果你总是犹豫，这辈子就什么也做不成。"于是，男人把那条项链捧回了家。妻子并没有因为他这次奢侈的行为而跟他分手，反而更爱他了。

接下来的日子，为了填补买项链花掉的钱，他开始努力赚钱，甚至换了好几份工作。三个月后，他不仅把花掉的钱赚了回来，还获得了一份更理想的工作。如果不是那个勇敢的、有些奢侈的决定，男人可能就会在那个收入微薄、工作闲散的岗位上待一辈子。

故事的主人公，一开始是一个犹豫不决、不喜欢做决定的人。不管是家里的事，还是工作的事，越是重要的事情，他越是左右摇摆，拿不定主意。正因为如此，很多事情都因为他的摇摆不定被拖延下来。当做出买项链的决定时，他没有再拖延。而正是这个勇敢的、快速的决定，改变了他后来的生活。

在生活中，很多人不敢对自己的婚姻大事做决定，他们总害怕所娶非人，所嫁非人。有些女孩经常不知道该选择哪条裙子出门，她们在衣柜前穿来试去，穿哪条都觉得不够满意。等到她们终于决定穿什么时，马上就要到约定时间了。于是，她们便在内疚中匆忙地冲出家门。挑选裙子让女孩们浪费了太多时间，于是她们不得不经常迟到。

在心理学上有个名词叫"选择性障碍"。它指的是人们对同样能达到目的的不同方法、途径、路线，在选择的时候难以抉

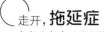

择,即使做出决定仍然疑虑其他选择是不是更好,从而导致浪费时间和精神焦虑的一种心理状态。

还记得前面章节中提到的追求完美型的拖延症患者吗?选择性障碍正是源于人们追求完美的心理。如果做任何事情都想达到完美,不想留下任何遗憾,就会出现选择性障碍。而选择性障碍的直接结果就是拖延。因此,消除拖延症患者的拖延隐患,改变选择性障碍这种不良心理,也是非常重要的。

中午食堂可选的菜太多了,选鱼香肉丝会送一个茶鸡蛋,选宫保鸡丁会送一杯豆浆和一小碟泡菜。从开始排队那一刻起你就开始做思想斗争,到底选哪一样呢?直到轮到你了,你仍然做不出决定。别再犹豫了,在任何时候,面对任何事,你一旦出现了选择性障碍,以下三种方法可以帮你解决犹豫不决的问题。

1. 参考上一次选择

很多需要做出选择的事情都是之前发生过的,尤其是在吃、住、行这些小事上,重复的频率可能非常高。你一旦发现自己难以做出选择,应该马上回忆上一次选择,然后做出这次选择。比如,上次吃的是鱼香肉丝,味道还不错,那今天就继续吃鱼香肉丝;或者上次吃的是鱼香肉丝,但是上次就很想吃宫保鸡丁,那么今天就吃宫保鸡丁。

我们要有意识地锻炼自己一旦做出决定,就不要随意更改

的思维方式。好的思维方式和行为习惯只有不断重复才能建立起来，从而固定下来。

2. 15 秒内快速做决定

那些优柔寡断的人，往往是"慢下快改"的人。什么叫慢下快改？就是做决定时非常慢，需要很长时间，但反悔改变决定时往往非常快。

其实我以前就是这样的人，我曾经为了在两个款式相同、颜色不同的皮包间做选择而足足考虑了一个月。好不容易做出了决定，等到付款的那一刻，我却马上改变了主意。我找了许多理由说服自己推翻原来的决定是正确的选择，于是开心地选择了另一个颜色的包。

因此，如果选择性障碍者能够反过来——快做决定慢更改，他们就不会徘徊在"选哪个"和"哪个更好"的疑虑中。给自己定一个时限，最好是 15 秒内做决定，做完决定不许再轻易更改。

3. 面对多种选择，却没有任何目标时，随便选一个

一位年轻人走到了一个三岔路口，他不知道该走哪一条路，于是站在路口犹豫起来。过了很久，他突然发现树枝上卧着一只花狸猫。于是，他问道："我该走哪一条路呢？"花狸猫睁开眼睛问道："你要去哪里呀？"年轻人想了想说："我还没想好

去哪儿！"

花狸猫不屑地回答:"那走哪条路都无所谓,只要迈出你的腿就好了。"

听了花狸猫的话,年轻人心中豁然开朗,他马上迈出了第一步,之后大踏步地一直向着小路的尽头走去。

在我们身边,很多人之所以会犹豫不决,是因为他们没有目标,不知道自己到底想要什么。犹豫不决造成了他们的拖延。但如果换一个角度思考,我们会发现,在没有目标却又不得不选择的情况下,哪个选择都一样。没有人知道我们的选择将会迎来怎样的结局,此时的犹豫只是在浪费时间。

因此,在面临多种选择却又不得不做单一选择时,我们不妨随便选一个。

"战拖"小贴士

据心理学家研究发现,成功人士做决定往往是很快的。

有些人可能会问,成功人士不怕仓促做出的决定是错的吗?当然不会,因为成功人士往往对自己的能力和所处的环境非常了解。不仅如此,那些成功人士也清楚地知道自己真正想要的是什么。

有时候,他们觉得不同的选择是一种尝试,即使不

第七章 给超重的大脑"减肥"

> 是最优的选择,他们也会通过努力将事情做到最好。
>
> 正如19世纪美国女作家海伦·凯勒所说:"生命如果不是一场勇敢的冒险,就什么也不是。"
>
> 因此,别害怕犯错,也别害怕失败。一个人只有在决定中吃过亏,才会在下次决定时变得更加理性和睿智。要知道,做决定本身也是一种行动。一个人只有经常做决定,才能精于此道。长此以往,一个人面临决定时犹豫不决的坏习惯,自然就会被克服。

第42堂课
和拖延症患者在一起并不可怕

和拖延症患者在一起,你该怎么办?

这其实是一个很现实的问题,姑且不说你是不是拖延症患者,假如你身边的某个人有拖延症,他也许是你的同事,也许是你的爱人,也许是你的兄弟姐妹,你是否想过自己应该做点什么?

可能这是很多心理学家研究时所忽略的问题,也是很多拖延症患者不太关心的问题。因为大家都忙着让自己变得更好,

根本没有心思去关注别人，哪怕是身边的亲人。我想提醒大家的是，别以为身边人的拖延习惯跟你没关系，事实上关系重大。

小许是一家医疗器械公司的业务员，同时也是一个轻度拖延症患者。经过几个月的努力，小许的拖延习惯得到了很大的改善。他已经变得很少迟到，很少犹豫不决，很少把事情拖着不做。

正当小许为自己的改变欢呼时，公司里来了一位姓宋的新同事。领导把小宋安排给小许做搭档。虽然小宋刚来公司，但从事这行已经很多年，业务熟练度不比小许差。而且小宋非常健谈，人又开朗，没过多久，他们便成了生活中的好哥们儿。

真正熟悉以后，小许发现小宋有拖延的问题，并且非常严重。最初一段时间，每次约好了跟客户见面的时间和地点，小宋总是迟到。虽然小许每次都提前等候在客户的办公室门外，却不能按计划跟客户洽谈业务。因为小许总觉得，如果不等到小宋来，自己心里就非常没底。

除了迟到外，小许还发现小宋每次都不能及时给客户发产品资料。他明明答应马上就发，却总是拖到第二天下午才发。

其实小宋那些不守时的习惯，小许以前都有过，只是不像小宋那样，约会能迟到两个小时，一封邮件能拖一天半。有这样一个搭档，好几次小许都不得不调整工作计划，搞得他非常气愤。

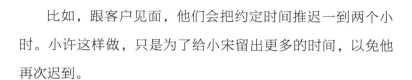

比如，跟客户见面，他们会把约定时间推迟一到两个小时。小许这样做，只是为了给小宋留出更多的时间，以免他再次迟到。

但是，不管安排在几点见面，小宋都会迟到。一来二去，小许的时间观念也越来越差。于是，他们俩开始一起拖延跟客户见面的时间，拖着不向领导报告工作的情况。小许发现，自己"旧病复发"了，并且比之前拖延得更厉害了。

显然，跟一个有拖延症的人在一起，我们身上已经消失的拖延习惯会再度冒出来。而另一种情况是，一个有拖延习惯的人和一个没有拖延习惯的人生活在一起，时间久了，没有拖延习惯的人也会渐渐开始拖延。

也许你会问，难道拖延症真的会传染吗？其实，拖延症的传染方式肯定不会像感冒病毒一样传染，而是通过人们的行为模式和对时间的思考方式传染。它会传染给那些自控力不强，又不具有免疫能力的人。

拖延症会传染的观点，其实跟美国芝加哥洛约拉大学的一项研究有相似的地方，那就是胖也会传染——近胖者胖。研究人员对近2000名学生进行调查，发现如果一个体重超标的学生交了一个瘦朋友，那他日后瘦下来的可能性达到40%。如果他交一个身材与他差不多的朋友，能够瘦下来的可能性只有15%。

而早在2007年，哈佛大学医学院也做过类似的研究。研究

小组将有紧密社会联系的12067人,分3组进行长达32年的跟踪调查。结果发现,在固定时间内,如果调查对象的朋友变胖,那么他本人变胖的概率将增加57%;如果调查对象的兄弟姐妹或配偶变胖,他变胖的概率将增加40%或37%;如果他有一个极其亲密的胖朋友,他变胖的概率会增大3倍。

事实上,并不是胖朋友的体重发挥了作用,而是胖朋友的行为影响了他们。比如,胖人总是吃很多食物,总是不锻炼身体,这样的行为会对瘦人的行为产生影响。当瘦人的行为开始向着胖人的行为靠拢时,体型自然就变胖了。

而2010年美国密歇根大学对144名随机安排宿舍的女大学生进行研究发现,如果一个女生有一个胖室友,她变胖的可能性会大大降低。

难道胖又停止传染了?正如前面所说,一个肥胖者影响他人的不是体重,而是行为。这所大学的研究对象中,那些胖女孩更注意控制饮食,更加积极地锻炼身体,更加倾向于吃减肥药。而胖女孩身边的人,不但将胖女孩作为反面教材引以为戒,同时注意饮食,积极锻炼身体,因此她们不容易变胖。

虽然肥胖和拖延症是两个不同的概念,但是从肥胖者对他人的影响研究中,我们也可以受到一些启发,从而应用到攻克拖延症上来。

1. 试着改变你身边的拖延症患者

如果你对好搭档或者亲密朋友的拖延习惯不闻不问，很可能就会和他一起走进拖延的怪圈。如果你本身就有拖延症，他的拖延习惯会让你的拖延更严重，并且很难自愈。

你需要做的是帮助他改变拖延。比如，买一本战胜拖延的书送给他，和他一起研究战胜拖延的方案。如果他拒绝改变，作为他的好友，你就应该让他看到他给身边的人带来的困扰。比如，他聚会时经常迟到，这对于其他人来说，其实很不礼貌。

2. 用自己的行动影响对方

如果你想改变别人，首先要试着改变自己。在与拖延症患者相处时，你应该以身作则，任何事能不拖延就绝不拖延。一个好榜样可以快速引导他人向着积极的方向发展。要知道，在影响他人的同时，你自己也会变得更加优秀。

假如你付出了很多努力，仍然无法改变对方，或者对方根本不愿意改变，可能你就需要向对方说"不"了。因为他可能是一个不适合你的人。你需要减少跟他的接触，以此来减少他对你的不良影响。

反过来说，如果你是一位拖延症患者，请及时战胜拖延，努力让自己变得优秀。否则你身边的朋友可能越来越少，人缘也将越来越差。

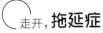

"战拖"小贴士

在人际交往的过程中，每个人都会或多或少地受到他人的影响。在正常情况下，有好的影响也有坏的影响。心理学家认为，跟那些过多地表现出愤怒、沮丧、言语尖刻或者行为轻佻的人在一起时，你同样会变得愤怒、沮丧，甚至产生失望、疲惫等不良情绪。

而对于拖延症患者来说，如果同伴的时间观念比较淡漠，则会直接干扰你的时间控制能力。如果不能跟他一起"战拖"，那么就远离他。

第43堂课
和优秀的人在一起，学习并成长

我想成为一个做事干练、不再拖延的人，但是我身边的几个朋友都是拖延症患者，很多事情比我还能拖。他们上班时总是不能专心工作，特别喜欢给我打电话。一天下来，不是甲打来电话，就是乙发来信息。我把手机关机后，却有几个家伙在网络上等着我，没完没了地聊起新闻来。

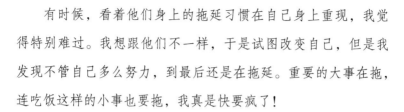

第七章 给超重的大脑"减肥"

有时候,看着他们身上的拖延习惯在自己身上重现,我觉得特别难过。我想跟他们不一样,于是试图改变自己,但是我发现不管自己多么努力,到最后还是在拖延。重要的大事在拖,连吃饭这样的小事也要拖,我真是快要疯了!

——中度拖延症患者大甲虫

大甲虫虽然为了与拖延症做斗争付出了很多努力,但是仍然没有成功,这与他所处的环境有很大关系。如果他有一帮从来不拖延的朋友,结果会怎样?如果他从那一帮拖延朋友中脱离出来,让自己的所做所为以一种全新的方式重新开始,又会怎样?

也许你会竭力维护自己和朋友在一起的权利,这绝对是被允许的。因为,除非你自己愿意那么做,否则没有人会把你和他们分开。要知道,跟什么样的人在一起是一件非常重要的事。不要试图和大家一起停留在原地,你只有让自己变得更优秀,才有可能回过头来帮助那些在拖延中挣扎的人。

1. 走到优秀者中间

你想成为什么样的人,就需要和什么样的人在一起,因为他们的行为和思维方式会潜移默化地影响你。如果你的思想脱轨了,他们会很积极地将你拉回正轨。也许一开始你觉得身体和思想都很累,自尊心也有点儿受不了,但是一段时间下来,

你会发现自己正在慢慢改变，而那种改变正是你想要的。

如果你退缩了，那就是一种拖延。而走到优秀者中间，本身就是一种行动。如果你做到了，就说明你已经走在了战胜拖延的路上。有些拖延症患者和优秀的人在一起，会担心自己做得不够好。其实，这又何尝不是一种挑战呢？

具有挑战性的行动，会让你学到更多东西。没有学习，哪儿来的成长？没有成长，又怎么可能成功呢？

很多朋友可能会困惑，觉得自己没有机会认识更优秀的人。这与机会无关，每个人都有很多机会，就看你能不能抓住，会不会创造。

泰夫是一家小公司的办公室职员。公司仅有8名员工，都比较懒散，做事情都拖拖拉拉的。公司领导对员工要求不严格，经常也是能拖就拖。泰夫觉得在这家公司再待下去，自己的能力只会越来越差，性格也会越来越内向。

按理说，泰夫没有结识更多优秀者的机会，但是他非常懂得给自己创造机会。他利用周末参加了一个中级管理培训课程，在课堂上认识了很多优秀的同学。通过同学的介绍，他跳槽到了一家很不错的大公司，虽然他仍然是一名普通员工，但是那里的领导和同事都非常优秀。他感到自己变得精力充沛，性格开朗，做事高效。显然，在优秀者中间，他变得优秀起来。

2. 换一个新环境，建立全新的自我

换一个全新的环境，走入一个全新的人脉圈，此时正是你建立新自我的开始。和过去的人说拜拜，更要跟过去的自己说再见。如果不这样做，你很可能会走入一个穿新鞋走老路的怪圈。

有一个年轻人，他在公司给人的印象特别差，迟到、早退，开会时注意力不集中，经常为一些小事和同事吵架。他觉得工作环境不够好，同事和领导对他有偏见，于是愤然离开了那里。但是他换了一家新公司后，却仍然被领导数落，继续跟同事产生矛盾。如果他不能吸取教训，让自己在全新的环境中以积极正面的形象示人，只能继续在职场中受挫。

我们应该打破原来的自我，建立全新的自我。比如，以前你是一个经常迟到的人，是一个从来不按时交报表的人，是一个做任何事都会拖延的人。那么，不要再管昨天的你是怎样的，昨天已经过去了，今天的你将迎来一个全新的开始。第一天到新单位上班，你一定不要迟到。第一次交报表，也一定不要迟交。在新环境、新人际关系中，你的任何第一次都不要拖延。请别管自己能否做到完美，但首先要做到不拖延。

有了第一天的全新开始，接下来的每一天，你都是全新的。抛开之前的自己，不管之前你多么拖拉，也不管别人之前如何评价你。让所有的问题都留在旧的身份、旧的生活中，让自己脱胎换骨后重新生活。

只有这样，优秀的思想和优秀的行为对你的影响才会最大化。因为你就像是一个被倒空的杯子，新鲜的水可以完全注入你的身体里，成为你的全部血液。

"战拖"小贴士

对于动力不足、没有方向感、不知道如何改变的人，最好的办法就是走到优秀者中间，跟他们站在一起。

跟优秀者站在一起，你既可以找到差距，又可以在优秀者营造的氛围中打造一个优秀的自己。

职业倦怠症，你有吗？

我之所以要让大家做这样一个测试，是因为有职业倦怠症的人在做事时往往会拖延得比较严重。当然，那些没有职业倦怠感的人做起事情来很可能也会拖延。只是职业倦怠感强烈的年轻人更加需要注意。

下面 10 个问题，请你根据自己的情况做出回答并评分。

1. 你最近食欲比较差（   ）

　　A. 是　　　　B. 不好说　　　　C. 不是

2. 你经常感到身体生理上的不舒服，比如头疼、颈椎疼、肌肉疼等（   ）

　　A. 是　　　　B. 不好说　　　　C. 不是

3. 你感觉自己每天都很忙碌，再这样下去你觉得自己快疯了（   ）

　　A. 是　　　　B. 不好说　　　　C. 不是

4. 你是否认为自己待遇微薄,付出没有得到应有的回报( )

  A. 是   B. 不好说   C. 不是

5. 你经常感觉大脑中一片空白,这让你很不安( )

  A. 是   B. 不好说   C. 不是

6. 你发现自己的记忆力开始减退,还时常失眠( )

  A. 是   B. 不好说   C. 不是

7. 你对目前的工作已经不感兴趣,因为它已经没有挑战性了( )

  A. 是   B. 不好说   C. 不是

8. 身边的事物让你提不起兴趣,你甚至懒得跟别人交流( )

  A. 是   B. 不好说   C. 不是

9. 你最近做事没信心,对自己的评价也比较低( )

  A. 是   B. 不好说   C. 不是

10. 你时常感觉到孤单,觉得寂寞( )

  A. 是   B. 不好说   C. 不是

评分标准:

选"A"记3分,选"B"记1分,选"C"记-1分。

参考结果：

10分以下：恭喜！你目前的职业倦怠感比较轻。不管是工作还是学习，你都有比较强的动力，也很有激情。好奇心让你渴望更多新鲜的事物，并希望挑战更有刺激性的工作。此时的你，拖延的情况很少发生。任何工作交给你，你都会快速地把它完成。希望注意的是，长期坚持这种状态并不容易，因此你可不能骄傲哦！

10~16分：还好，你并没有那么强的职业倦怠感。但是也别太高兴，因为你已经出现了明显的倦怠情绪。你开始感到自己正处于一种心有余而力不足的状态中。很多工作你正在硬着头皮扛。其实，你目前工作的积极性还没有被激发出来，你需要给自己一点动力和激情，让自己从应付变成主动工作。否则，就算有好运，可能也会与你擦肩而过。加油，相信你自己能做得更好。

16分以上：有点糟糕，你有比较明显的职业倦怠感。在工作和事业上，你找不到自己前进的动力。负面情绪占据了你的心，你内心感到很不舒服。虽然你也试图改变自己目前的状态，但是你却感到无能为力。毫无疑问，你的工作效率早就受到了影响，工作状态也很差，思考能力也变得很差。在情绪上，你觉得自己越来越不快乐。在面对工作时，拖延的情况每天都在发生。虽然你也想不再拖延，但是你似乎根本没办法。不管目前你正在从事一个什么样的工作，你都应该试着对自己说："停下来，好好调整自己。"不要勉强自己，硬撑着只会越来越累，越来越拖延，状态越来越差。

第八章

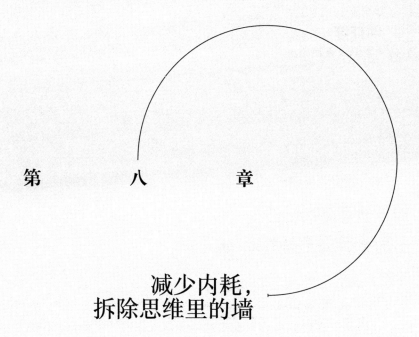

减少内耗，拆除思维里的墙

对于一个人来说，轻松地改变行为可能并不容易，但改变思维却可能是一件简单的事。人若要改变行为，需要日积月累地锻炼和实践，但改变思维，需要花费的时间则要少得多。而思维改变了，行为的改变就会变得很容易。

因此，你需要拆除横在思维里的墙，为自己的"战拖"之路扫除障碍。

第44堂课
一定要有战胜拖延的信念

也许,在我们身边有太多这样的老人,他们觉得自己的人生已经进入了最后阶段,身体已经老态毕现,剩下的日子不多了,便抽空把儿女们叫到跟前,开始交代自己的后事,以防不测。但有这样一位老人,她认为人力量的强大与否和年龄无关,而是取决于信念。于是,她把70岁当成自己新的开始,给自己制定了新的人生目标。她觉得登山是一项非常不错的运动,便开始以70岁的高龄练习登山。令世人惊讶的是,在接下来的25年里,老人攀登了世界各地无数的高山,其中有几座高山在世界上声名显赫。在她95岁的时候,她还登上了日本的富士山,打破了有史以来富士山攀登者的最高年龄纪录。

她就是大名鼎鼎的胡达·克鲁克斯。正是她那乐观、积极的心态和坚定的信念成就了她不一样的人生。

还有一个故事。A和B是同一所大学的同班同学,大学毕业后,他们一起去找工作,一连面试了几次都没有被录取。祸不单行,两人又同时失恋了。

A 感到非常沮丧,觉得对不起辛苦养育自己的父母,就业的压力让他整日眉头紧锁。

而 B 则认为,虽然他在大学里谈了两年的女友离开了他,但想留的走不了,想走的留不住,也许有一个更好的女孩在等着自己。而当下职场竞争激烈,找不到工作也是很正常的事情,这也许正是上天对自己的考验。于是,他每次去面试都会打起十二分的精神。

终于,B 找到了一份实习的工作。但是 A 却因为受不了失业和失恋的双重压力,在一个雷雨交加的夜晚从高楼上纵身跳下,结束了自己年轻的生命。正是由于信念不同,两个同样境遇的人才有如此不同的结果。

是信念成就了人的成功,也是信念让人一败涂地。回过头看看,在战胜拖延的路上,有多少人产生了信念的偏差呢?有人觉得,自己已经拖延了很多年,改掉拖延的毛病是很难的事了。也有人认为,拖延未必不好,至少可以少付出很多劳动。

信念是指导一个人行动的力量。如果你有一个消极的信念,那么你的行动就会朝着消极的方向发展;而积极的信念则可以让一个人拥有惊人的力量。如果一个运动员在赛场上有超常的表现,评委或裁判首先想到的是他是不是注射了兴奋剂。但实

际上,信念对身体的影响有时候甚至会超过药物。

有一位50多岁的母亲,一天傍晚,她和儿子一起在街上散步。没想到,路边的一根废弃的水泥电线杆突然折断,猛地向母子俩砸来。母亲没有受伤,但是电线杆却正巧砸在了儿子的双腿上,儿子瞬间就晕了过去。

母亲首先打了急救电话,然后开始努力搬开压在儿子腿上的电线杆。那是一条偏僻的小路,根本找不到人来帮忙,母亲害怕电线杆会把儿子的腿压断,于是她用尽全身力气,很快就把电线杆从儿子身上挪开了。后来,救护车赶到了,受伤的儿子被抬上了救护车。当工作人员过来清理现场时,发现那根电线杆需要三个壮汉齐力才能搬动。人们很惊讶:那位50多岁的母亲是如何独自一人将电线杆抬起来救出儿子的?

也许,这正是信念的力量。在某种情况下,信念赋予人的力量真的可以超越兴奋剂对人的作用。

而战胜拖延的信念,对于我们战胜拖延也将起到重要的作用。

每天试着对自己说:"我一定能够战胜拖延,过上不拖延的生活。"信念之所以重要,除了因为它会使人强大,还因为它会促使人快速行动。要知道,一个不需要行动的念头,绝不是信念。信念必须像一道符咒,成为指引我们行动的东西。

相信自己的力量,不管别人的"战拖"计划能否实现,你都要有足够的信心。坚定信念的窍门是：在战胜拖延的路上，你只要做好自己眼前的事，就可以让自己强大起来。如果你能够把一件又一件小事做好，遇到大事时，你便可以凭借信念的强大力量做出更加惊人的成绩。

"战拖"小贴士

一个人心中那些强烈的"意念""愿望""信念"，都是一种帮助我们控制自我意识的内部力量。而人一生中的行为和目标，也往往是由人自身的意愿或信念引领的。

"战拖"必胜的信念一旦在一个人的脑海中扎根，它就会像对待敌人一样，不惜一切消灭拖延，这也正是信念的无穷威力。

第45堂课
在八小时之外"天马行空"

也许你已经拖延了很多工作，但是你仍然不愿意着手去做；

也许你已经被诸多小事紧紧缠了一天,大脑累得快要转不动了;也许你打算放弃现在的工作,逃到一个很远的地方,过一段清静的生活;也许你觉得身体快要撑不住了,明天就要大病一场。

在超强的工作和学习压力下,你感觉自己再也无法面对被一再拖延的任务,更无法面对那些不断被自己敷衍的人。那么,你就要好好利用八小时之外的时间,那些完完全全属于你自己的时间。如果你善于经营,就可以在八小时外找回信心,让自己的身心重新振作起来。

漫长的八小时已经让你的神经紧张得像根将断的弦,但是你仍然不想闲下来。你想留在公司里加班,但是最近不需要加班,而你回到家除了对着电脑就是对着电视。你害怕自己一闲下来就会想到那些被自己拖延的时间。你在八小时之外过得很辛苦,因为你除了等待工作八小时的到来,别的什么都不想做。

人的思维就像一根皮筋,如果长时间紧绷,不能放松,说不定哪天思维的线就断了。因此,你需要让自己在八小时之外变得"天马行空"。这样,你就可以有更多的精力在工作时应战拖延,提高工作和学习效率。

1. 离开电脑,让大脑获得放松

有一位设计师,他总喜欢把工作带回家。晚上下班后,他没空和家人聊天,没空锻炼身体,电脑前仍然是他忙碌的身影。在他看来，他之所以这么忙碌，全都是为了这个家。但是长此以往，他和妻子的共同话题越来越少，跟孩子之间也缺乏必要的交流。他可能不知道，给家人应有的陪伴，这样的家庭才会更幸福。只有拥有愉快、融洽的家庭生活，才有更多精力在工作中全力以赴。

假如他能在八小时之外关掉电脑，放下自己的手机，就可以腾出很多时间和家人在一起。与此同时，他的大脑也可以得到放松。当然，放松大脑的方法还有很多，比如听音乐、唱歌、给头部做按摩等。

还有一种比较简单的放松大脑的方法，那就是静坐冥想。闭上眼睛，想象一下你正坐在海边，有柔和的风吹过来……

2. 用阅读带自己旅行

下班后，我们尽量不要将工作带回家。在家里加班，是破坏你个人生活的最大杀手。用阅读代替你每晚忙碌的加班，把工作放到工作的八小时中去做。

我们知道，一个人可以去的地方是有限的，可以接触的人或事也是有限的，而阅读则是最好的增长知识的方法。因为一本书就是一艘远航的渡轮，作者会带你到精彩纷呈的世界旅行。读书是一种非常好的使大脑获得放松的方式。我们可以从一本好书中获得更多的正能量。

多读书，知识会帮你解决很多烦恼。如果你读到一本好书，

作者在文字中赋予的能量会源源不断地传递到你的头脑中，最后转化为你自身的力量。大部分人的读书量实在少得可怜，这也许就是我们一遇到事情就无法淡定的原因之一。

很多人希望通过杂志、报纸和网络来达到读书的目的，还有的人甚至想通过每天大量浏览微博使自己变得博古通今。那根本就不是读书。无数信息碎片只会让我们更恐慌、更浮躁、更浅薄、更烦恼。制订一个读书计划，在八小时之外拿出更多的时间来读书，你会发现自己的思维方式变得跟之前不一样了。

3. 以"天马行空"的方式给自己惊喜

有一个多年没有弹过吉他的人，他在下班后拿起了自己的吉他。轻弹一曲后，多日来压在他心里的不良情绪统统消失了。

有一个网络手绘组，组里的几十名学员全部是中年女性。家庭生活枯燥无味，工作压力又大，绘画让她们聚集在一个群组里，共同讨论画技，共同进步。

其实不仅仅是音乐和绘画，你可以以任意一种"天马行空"的方式，让自己的八小时之外变得不同。比如，带着孩子们在客厅里跳一支欢快的舞蹈等。

4. 有意识地进行思维训练

也许你认为自己的逻辑思维能力很好，无须再做那些没用的思维训练。事实上，有时候太大的压力、生活中大多的干扰信息已经使你的逻辑思维能力大不如前。因为你长期让自己的思维禁锢在一个地方，你的思维转变能力已经不像多年前那么灵活自如了。

遇到拖延等很难解决的问题，你很可能会钻牛角尖。而思维训练让你的应变能力和创新能力得到恢复的同时，还能有更大的提高。

工作也许很无聊，但是生活应该很有趣。公司也许不美好，但是这个世界肯定是美好的。想办法利用八小时以外的时间，驱除思维里的屏障，从而让自己获得更多的正能量。如此一来，战胜拖延的日子还会远吗？

"战拖"小贴士

对于大多数人来说，高效率地工作是为了能和家人享受高质量的生活。但是，在实际生活中，有些人却因为过于不懂得平衡工作和休息，而把本来应该享受的阳光、沙滩或者小区里的花香统统错过了。

最要命的是，人们的大脑里形成了一种固定的思维，认为只有把下班后的时间也拿来工作，才能快速实现和家人享受生活的目的。实际上，这样做正和我们的初衷背道而驰。

有一天,一个年轻的心理学工作者到一家精神病医院实习,想了解更多精神病人的情绪。当天结束时,年轻人觉得自己收获很大。

等到年轻人走到自己的汽车旁边时,却发现车胎被人卸去了一个。他非常生气,看了一眼精神科病房的大楼,愤怒地说道:"肯定是那些精神不正常的病人干的,明天再找你们算账!"不过,他马上又开始庆幸,还好自己准备了备胎,先安上回家再说。但是麻烦的是,偷车胎的人把安装车胎的四个螺丝也拿走了。

没有螺丝,根本没办法安装车胎。路灯亮了起来,天已经不早了。年轻人沮丧地站在汽车前想办法。就在他急得满头大汗,怎么也想不出办法时,一个精神病人哈哈大笑着出现在他的面前。病人说:"年轻人,你怎么不把车胎安上去啊?你愣在这里干什么?你倒是安上去啊!"

年轻人觉得非常尴尬，不愿意多看精神病人一眼。过了好一会儿，精神病人终于大笑着说："你从其他三个轮胎上各取一个螺丝，不就可以把这个备胎安上去了吗？"年轻人恍然大悟，马上行动起来。他安完车胎，回过头来惊讶地对那个病人说："我想了好半天，一点儿办法也没有，你是怎么想到的啊？"精神病人再度笑起来，他说："我是疯子，但不是智障者呀！"

虽然这只是一个故事，但是也给了大家一个启示：宁可做思维灵活的疯子，也不要做思维僵化的智障者。

惯性思维让人们拖延了很多事，因为用旧有的经验和思维方法来看，眼前的事情根本没办法完成，所以我们有理由拖下去，觉得拖多久都不是我们的问题。比如，有个人接到了一项任务，但是却迟迟不肯动手，因为惯性思维告诉他，他根本完不成那项任务。于是探索停止了，努力停止了，尝试也停止了，只剩下他在那里拖着不做。惯性思维让改变成了空谈，让他守在旧有的行动模式里，无法实现成功。

接到领导安排下来的任务，他心想反正不着急，先玩上两天再说；考试一天天临近，他心想反正已经做好了努力复习的准备，过几天再复习也没关系；已经晚上十一点了，他却还舍不得从电脑前离开，心想再看几个网页也耽误不了休息。

事实上，正是这种拖延的惯性思维害苦了很多人。

比如，以前拖延工作，领导知道了也没发表什么意见，但是这次领导却忍不住大发雷霆，一怒之下炒了他的鱿鱼；以前考试不通过可以下次再考，但是这次却是最后一次机会，考不过这辈子都没机会了；平时拖着不睡觉没事，但是这次他晚睡了两个小时，第二天就因为体力不支而发烧了。

很多人还有这样的口头禅："以前都没事，怎么这次不行了呢？"他们还是以前的思维模式，但是偶然的结果是必然，量变积累起来最终会形成质变。

"不迟不迟！""还早呢！""着什么急啊？"拖延症患者们已经习惯了把这种口号当成自己的思维方式。因为已经轻车熟路，所以一遇到事情首先就会以那种思维方式思考问题。于是，一旦发生什么事情，他们总是心安理得地找很多借口拖延，行动力不足也就成了必然。

惯性思维是快速行动的最大杀手。摆脱惯性思维就意味着要随时与自己的潜意识做斗争。还记得《向左走·向右走》中的故事吗？男女主人公中的某个人若能改变往日的路线，走反方向的路上班或者回家，他们的爱情可能就不会经历那么长时间的等待。

1. 坏的开始未必有坏的结果

1915年，丘吉尔被撤销了英国海军大臣的职务，他回到家乡调养散心。他每天都无事可做，心情变得有些郁闷。当时，丘吉尔的一个女邻居正好是个画家，于是家人便鼓励他去跟邻居学画。

对于丘吉尔来说，他是一个敢作敢为的政治家，但是，在画布上画画对他来说却是一件非常难以接受的事情。因为他之前从来没有画过画。他非常不愿意接受自己可能再一次面临失败的事实。但是，他还是勇敢地坐到了画布前。

画什么呢？他构思了很多场景，却一次次否定了自己。他希望自己的第一幅画有个完美的开始，但是这种想法让他无法下笔。

终于，女邻居看穿了丘吉尔的心思，将丘吉尔面前染料盒里的染料统统泼到了那张白色的画布上。画布变得乱七八糟，丘吉尔想，反正画面已经这样了，画坏了也没有关系，于是他马上拿起笔画了起来。

旧有的经验告诉我们，坏的开始往往会有一个坏的结果，于是行动变成了痛苦的事。拖着不做就可以有效防止坏结果的产生。事实上，好的开始未必有好的结果，而坏的开始也未必只有坏的结果。好与坏，成功还是失败，除了与个人努力程度有关外，还与我们的思考方式有关。有一个坏的开始没关系，只要我们快速行动，就已经成功了三分之二。

2. 改变受伤者的思维模式

受伤者的思维模式往往是：总觉得自己是受害者，总觉得别人会来侵害自己。于是，在做决定时，他们总是犹豫不决；在与人交往时，他们总是有意回避和退缩。事实上，如果你总是以受伤者的思维模式来定义自己，那么你所吸引的人就将是一些过来加害于你的人。

相信你一定有过这样的朋友或同事，他们经常像个受气包一样控诉伤害过他们、辜负过他们的人。每隔一段时间，他们就会控诉一次。不仅如此，他们还非常容易被人冤枉，非常容易被人排挤。尽管他们没有做错什么，也没有太多被人排挤的资本，但他们总是团体中最倒霉的人。还有一种人，他们不管和谁谈恋爱都会把自己搞得遍体鳞伤。于是，他们觉得所有接近自己的异性都是带着欺骗的目的来的，都没安好心。

其实，这两种人都有受伤者的思维模式。吸引力法则认为，你是什么样的人，就会吸引什么样的人汇集到你身边；你在想什么，接下来就会发生什么。一个喜欢抱怨的人，他遇到的烦恼就会比普通人多；一个喜欢生气的人，他遭遇的疾病侵袭就会比普通人多；一个总觉得别人要伤害自己的人，他受伤害的概率就比普通人更大。

还记得《天下无贼》里的傻根儿吗？那个怀揣着辛苦挣来的积蓄还乡的人。虽然火车上全是高明的贼，但是他认为天下没有贼,反而把想来偷自己钱的人当成贵人。刘德华和刘若英扮演的贼被傻根儿的淳朴打动,他们不仅没偷他的钱,还保护着他不被贼偷。

有时候,假如我们能把接收负面信息的接收器关掉,外来的负面影响和伤害也就会自动退却。而对于一个拖延症患者来说,改变受伤者的思维模式会使他们更大胆、更快速地做事,更好地参与到更多的人际关系中。逃避和退缩少了,信心多了,成功自然也就容易了。

"战拖"小贴士

惯性思维(Inertial Thinking)是指人习惯性地遵循以前的思路思考问题,仿佛物体的惯性。惯性思维常会导致思考时产生盲点,缺少创新或改变的可能性。

惯性思维让拖延症患者延续拖延的思维和拖延的行为。打破惯性思维对于克服拖延症很有帮助。

从物理学的角度来说,静止的物体克服惯性进入运动状态需要很大的能量。但是如果物体本身就处于运动状态,要想保持这种状态,则需要很少的能量。因此,打破惯性思维后,你应该让自己一直"运动"着。

第47堂课
克服自卑的三大法则

一个自卑的人往往会有做事拖延、没有目标、不敢与人过多交往的问题。如何克服自卑是战胜拖延症很重要的一课。假如你无法克服自卑,就不能克服在"战拖"过程中遇到的很多困难。如果你无法战胜拖延给你带来的负面影响,即使有一天你不拖延了,很可能也会因为自卑而承受更多的精神压力。

1. 利用潜意识消除自卑

奥地利精神分析学家弗洛伊德曾告诉世人,每个人的身体里都潜藏着一股不为人知的神秘力量,那就是潜意识。如果一个人经常对自己说"我长得很丑,没有人会爱上我""我很没用,这家公司不会录用我",事情就真的会朝着那个方向发展。喜欢的人没有看上他,正在招人的公司也没有录用他。这是一种消极的潜意识，但如果我们换一种口气跟自己对话，自卑的情绪就会一点点被赶走。

你可以挑选一个光线比较好的房间，在墙上挂一面可以照到头部和上半身的镜子，微笑着对自己说："我很漂亮！""我很棒！""我很努力！""我身边的人都很喜欢我！""我会得到幸福！"……

这要求你每天至少说一次，至少要坚持三个月。三个月以后，你会发现自己真的变漂亮了，工作和生活也顺心了很多。

有一次，我把这种方法教给一位被自卑情绪困扰的朋友，她非常不屑地说："这不是推销员的那一套吗！我又不做推销员，才不去搞这种无聊的东西！"

人常常因为无知而自卑，同时又因为自卑而排斥，可以说这个朋友就是这样的人。我们千万不要看不起推销员训练法则，一位厉害的推销员一天可以在街上拿回来 100 个人的微信，然后在第二天给这 100 个人打电话。做推销员真的需要很大的勇气。如果是你，说不定连 10 个微信都没要到就哭着放弃了。

2. 培养足够的社会兴趣，多与人交流

还记不记得上学时，班上有一些很少参加兴趣班，平时也很少与人交流的同学？随着年龄的增长，他们的性格越发内向。走上社会后，这一类人的自卑感严重地影响了他们在职场上的

发展。

很多人喜欢用性格内向来解释自己在他人面前的胆怯和退缩,却不知道内向的深层次原因是自卑。如果我们能够克服自卑,就能比之前变得更加开朗,更加外向。内向的人期待自己变得外向,这也是内向的人总喜欢和外向的人待在一起的原因。

但是,很多自卑的人平时很少与人接触,下了班就躲在家里上网、打游戏。即使是周末或者节假日,也不愿意过多地与人交流。对于这样的人,多参与社会实践就能够极大地锻炼与人相处的能力。

正所谓见多识广,见得多,心胸自然变得开阔。如果我们坐井观天,任何风吹草动都会让我们不寒而栗。心理学家认为,一个人所接触的社会领域越广,他感受到的自我就越小。一个心怀"家国天下"的人,还会因为自身的一点儿小事而自卑吗?

几个月前,一位朋友打来电话问:"我已经结婚生子,当了三年的全职太太。我丈夫能赚足够多的钱,不需要我出去工作。可是我如何实现培养社会兴趣的愿望呢?"

全职太太们可以根据家庭经济条件,选择一些适合自己的社会培训,从而避免严重与社会脱节的情况发生。而职场人士们也同样应该参与一些社会活动或公益团体。比如,听一些心理自助类的讲座,学习插花艺术,参与一些社会募捐等。

社会兴趣是对个人缺陷的最好补偿。社会兴趣可以使一个人由个人主义转变为融入集体。一个融入社会的人就不至于过度关注自我，自卑心理也能够很好地缓解。一个人从宅在家里到融入社会，这本身也是一种行动。

3. 建立合理的"抱负水平"

如果一个鸡蛋从一生下来就开始跟石头比坚硬，跟鹅蛋比大小，那么它自然会越比越自卑。因为不管鸡蛋如何努力，它永远都不可能比石头硬，比鹅蛋大。如果这么比较，它就永远自信不起来。

而做人也是同样的道理，当你否定自己的时候，应该先看看你在和谁比。正所谓"人比人得死，货比货得扔"。那些不自信的人有很强的自卑心理，而那些盲目自信的人也很容易产生自卑心理，因为他们没有建立符合自身实际情况的"抱负水平"。心理学家把"抱负水平"定义为个体将某件事做到某种程度的心理需求。一旦他们期望的事情未能实现，心理上便会产生巨大的失落感，强烈的自卑感也会随之产生。

因此，每个人都应该结合自身实力把"抱负水平"定在合适的程度。很多女孩对理想爱情的期待过高，遭遇失败时便灰心丧气，意志消沉。经历数次失败后，她们的自卑心理深入骨髓。久而久之，便出现了某些女孩口中的"男人无用"和"终

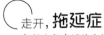

身不嫁"的口号。其实,正是自卑心理导致她们丧失了与男性继续交往的勇气和信心,以"酸葡萄心理"来获得自我安慰。

下面,我给大家介绍一种克服自卑训练法。

写下一年内最令你感到自卑的三件事:

(1)＿＿＿＿＿＿＿＿＿＿＿＿＿＿＿＿＿＿＿＿＿

(2)＿＿＿＿＿＿＿＿＿＿＿＿＿＿＿＿＿＿＿＿＿

(3)＿＿＿＿＿＿＿＿＿＿＿＿＿＿＿＿＿＿＿＿＿

写下童年时最令你感到自卑的三件事:

(1)＿＿＿＿＿＿＿＿＿＿＿＿＿＿＿＿＿＿＿＿＿

(2)＿＿＿＿＿＿＿＿＿＿＿＿＿＿＿＿＿＿＿＿＿

(3)＿＿＿＿＿＿＿＿＿＿＿＿＿＿＿＿＿＿＿＿＿

写下你最信任的三个密友:

密友1　＿＿＿＿＿＿＿＿＿＿

密友2　＿＿＿＿＿＿＿＿＿＿

密友3　＿＿＿＿＿＿＿＿＿＿

你可以把最令你感到自卑的事讲给密友听,如果你们已经很久没有联系了,请在今天晚上10点之前给她(他)打个电话。

回忆童年,将现在的自己和童年时的自己做对比,寻找长期以来自卑的根源。每个人都需要挖掘出最深层次的自己,这样才更有利于建立新的思维模式和行为模式。

"战拖"小贴士

克服自卑获得自信，能使人的思维更活跃，而与人交流也是一种对思维能力的刺激，可以有效地锻炼人的注意力和专注力。一个过于自卑的人会比普通人有更多的思想内耗，这会在无形中干扰人们的行动力和思想的专注力。

当一个人的思维活跃时，他行动的动力就会大大增强。否则，他就会更多地依赖于电脑和虚拟的网络来弥补自己性格上的缺陷。

第48堂课
过分内疚会使你的精力内耗

有一位哲人曾说过："自由的最大障碍就是内疚。"

没错，内疚让人在行动上变得不自由。因为你不断自责，不断在情绪上内耗，使思考和行动渐渐失去平衡。

说实话，内疚的情绪曾经让我非常难受。因为我要不断地

为自己做过的事、说过的话感到羞耻和内疚。几年前我在某报社工作的那段时间，有一次，我因为缺乏灵感，写不出一个字，所以拖延了交稿时间。虽然领导没说什么，但是我却因为内疚而失眠了，整个晚上都睡不着觉。第二天再次见到领导时，我的大脑闪现出的都是一些负面信息，比如"我真笨""我不优秀""我很悲伤"等。我像很多优秀的员工一样想让自己表现得更好，从而获得领导更多的认可，但是一旦自己在工作中表现得不好，便内疚起来。

事实上，内疚情绪常常让我把工作做得更糟糕。因为我总是在心里反复拷问自己，责怪自己，以至于我觉得自己很没用。当我沉浸在内疚中无法自拔时，便轻易地忽略了自己的价值。于是，我开始寻找能体现自己价值的事情。比如，给男友打个电话，问他还爱不爱我；给老妈打个电话，问她最近身体怎么样。最要命的是，我会一篇接一篇地看一些明星的八卦新闻。好像不看看那些东西，我就会感到自己正在与社会脱节，正在被这个社会抛弃。

心理学家把"内疚"定义为个体认为自己对实际的或者想象的罪行或过失负有责任而产生的强烈的不安、羞愧和负罪的情绪体验。内疚的人往往有良心上和道德上的自我谴责，并试图努力弥补自己的过失。

在很多老板看来，一个员工感到内疚并不是一件坏事。在很多父母看来，如果自己的孩子懂得内疚，这证明教育起到了作用。但很多人却不知道，内疚情绪可分为两种：一种是健康的内疚感；另一种是不健康的内疚感。

健康的内疚反映了一个人的良心。我们平时说"也不知道那些做了坏事的人会不会感到内疚"，说的就是这个意思。试想一下，如果一个人从来不知道内疚，该是一件多么可怕的事！而不健康的内疚感，可以说是人类心灵的"毒药"。对于个体来说，不健康的内疚感是一种束缚和惩罚。因为它会给人的心理带来压力、紧张和痛苦。经常内疚的人内心会变得脆弱。而生活中一旦发生一些无法预料的事，内疚情绪就会阻碍人们的行动，从而使人拖延。

有一位网友，她说自己从小就经常躲在小屋里哭泣。她强调自己不是有自闭心理，而是因为内疚。她内疚的原因是学习不够好，拿不到"三好学生"奖状，所以很自责。长大以后，她变成了一个即使错不在自己，只要别人一指出，便马上承认错误的人。假如单位里的领导批评了她，她就会一连好几天低着头走路，逢人就表现出一副歉疚的样子。她身边的朋友都觉得她是一个懦弱的人，和她的交往也越来越少。

后来，她努力工作，终于拿到了部门的优秀员工奖。但是她仍然内疚，因为她觉得自己优秀了，就抢了同事的风头，抢了别人的奖。于是，她身上开始出现拖延现象。她害怕因为自

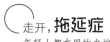

己太过优秀,而给他人造成困扰。

那么,哪些人容易成为过分内疚的人呢?

过分内疚的人在性格上属于典型的内控者。他们总是从自己身上找原因,忽略客观原因的存在。实际上很多问题都是客观原因造成的,如果我们盲目自责,把所有的责任都扛到自己的肩上,巨大的压力就会压得人喘不过气来。这将对人的身心健康不利。

有一天,一位年轻的妻子和丈夫一起出门看演出,可是她把演出门票落在客厅的茶几上了。他们走到半路才想起来,又匆忙地开车往回赶。在这个过程中,她的丈夫抱怨她办事没有计划,丢三落四。

听了丈夫的话,妻子感到非常内疚,不停地自责。她觉得自己不是一个好妻子,连这点小事都办不好。她甚至觉得自己对不起丈夫,辜负了丈夫对自己的爱。虽然他们准时赶到了剧场,但是妻子的情感深受重创,内心十分不平静。她甚至把舞台上的小丑跟自己联系起来,内疚感更加严重。

下一次跟丈夫一起外出时,妻子会因为害怕再次给丈夫造成困扰而反复打扮自己,反复检查要携带的物品,迟迟不肯出门。但是,这样一来,妻子无形中就开始拖延了。

泛道德主义者也非常容易成为过分内疚的人,因为他们经常拿着道德的标尺来衡量事物。当别人做了不符合道德规范的事时,他们就会气愤、委屈、内疚。

其实我们的道德感分布并不均衡。有的人道德感太弱,有的人道德感太强。道德感强的人有太多的义务和太少的权利,因此他们一步步成为社会的弱者。

有一位正在上大三的女孩,她总是看不惯宿舍同学的一些做法。比如,有些女同学晚上在宿舍里喝酒唱歌,或者半夜偷偷跑出去和男同学约会。当她站出来批评别人的时候,连她最要好的朋友也不肯帮她说话。她认为自己以真心待人,但是却换来了伤害,于是内心非常痛苦。她觉得,可能因为自己太老实、太正派了,所以才遭到别人的欺负。

大学四年下来,她觉得自己活得很累,心中时常有内疚感。大学毕业后,她变得更加理想化,任何事情都想做到完美地合乎道德。就拿恋爱这件事来说吧,因为她来自农村,父母思想比较保守,所以要求她结婚时向男友索要两万元的彩礼和三种黄金首饰。其实以现在的消费水平来说,这个要求根本不算高,但是她却觉得父母的要求违背了自由恋爱的原则,好像在做婚姻买卖。虽然男友欣然同意了她家的要求,但她却非常内疚,觉得愧对男友对自己的爱。

在后来的相处中,她事事对男友谦让有加,即使男友做错了事,她也从不生气。直到有一天,男友爱上了别的女孩,而她还被蒙在鼓里。后来,迫于家庭的压力,女孩提出了结婚的

要求,男友才把实情告诉她。女孩痛苦难当,毅然决然地离开了那座城市。

过分内疚对于个体来说是一种打击,因此它会阻碍人们成功。而成功的人从不在内疚上浪费时间,所以我们要学会有效克服内疚。那么,怎样才能克服内疚呢?

1. 完全体验自己内疚的情绪

给自己一段不被外界打扰的时间,轻轻地闭上眼睛,听一首轻柔的音乐,让自己在完全放松的状态下体验那种内疚的感受。也许一开始你会觉得难受,但是反复进行这种心理练习,你的内疚情绪就会慢慢散去。

2. 当内疚感袭来时,试着转移自己的注意力

做一件你能做的事,比如出去走走,看看风景,读一本小说,看一部电影或者写一篇日记。你可以把自己的内疚感写到日记里,也可以向家人或朋友倾诉。

3. 消除"应该"或"不应该"的想法

很多经常内疚的人,一直因"'应该'这样""'不应该'那样"而痛苦。如果从心底里消除"应该"和"不应该",并且以"不得不"来填补,你不但能追回因内疚而浪费的时间,还能够收获快速行动的力量。

> **"战拖"小贴士**
>
> 制约一个人快速行动的因素可能有很多,对于某些人来说,过分内疚可能就是其中的一个因素。
>
> 找到制约因素,完善自己的人格,你就会发现,在战胜拖延的过程中,自己不仅仅在行动力上有了进步,在人际关系、待人接物以及自信的培养方面也有所提高。

第49堂课
打破内向人的思维模式

这是一个外向人更受欢迎的世界,看看国内外那些滔滔不绝的演说家们,你就知道一个外向型的人多么受人欢迎。他们在台上演讲时神采飞扬,台上观众的情绪瞬间被演讲者点燃。虽然很多演说家本身性格内向,但是他们在舞台上表现出来的外向性格让他们获得了更多的支持和认可。

而对于内向者来说，即使是每天不断把心声通过文字表达出来的作家，也仍然希望改变自己的内向性格，向外向人群靠拢。

美国社会心理学家戴维·迈尔斯博士指出，快乐需要拥有三种特质：自尊、乐观和外向的性格。内向性格被人们视为不够开朗、不快乐的性格。外向性格更容易被人们理解为向着更健康的方式发展。

回忆一下我们的童年，几十个人的班级里，总有几个喜欢埋头读书、不与人沟通的同学。不管老师和同学如何启发，都无法让他们改变自己。在学校里，很多老师喜欢安静、乖巧的学生。其实老师不知道，这类学生会承受更大的思想压力。因为性格内向的人每天清晨一醒来，就需要努力对外部世界做出反应并顺应外界的要求。他们每天都希望自己能够改变，并且长年累月在这种希望中承受煎熬。

正因为性格内向的人要承受更多的压力，所以当现实生活出现"问题"的时候，内向的人的神经更敏感，内心更脆弱，行动更迟疑，跟外向的人的拖拖拉拉相比，内向者会直接给出一个生硬的拒绝。事实上，内向者的拒绝最后往往会被攻破。因为他们并不是真的拒绝，而是不够自信。所以，等到内向者开始接受某个任务时，他之前的拒绝就是一种拖延。因此，打破内向者的思维桎梏就显得很有必要。

第八章 减少内耗，拆除思维里的墙

1. 让羞怯走开

微微是一个 22 岁的女孩，内向的性格经常使她苦不堪言。每当参加家族或朋友的聚会，她总是觉得浑身不自在。每次她都想快速结束聚会，然后回到一个人的环境中。后来，她交了一个性格外向的男朋友，对方经常带她去参加一些活动，可是每次她都觉得像上刑场一样痛苦。在与异性客户交谈时，微微会不由自主地手心出汗，说话声音打战，面部表情紧张，头脑时常空白。

其实像微微这种性格内向的人，很容易出现害羞心理。在与人打交道的过程中，会表现出心理上的退缩和身体上的不适。比如，想快速结束活动，过度关注自我，心跳加速，面红耳赤，说话变调，两腿发软等。性格外向的人在人群中会觉得自己很优秀，而性格内向的人则认为别人都在关注自己，有机会就会嘲笑自己。

其实，性格外向的人也会有不同程度的羞怯心理，他们如果感到害羞，会通过自嘲的方式快速消除羞怯心理。而性格内向的人因为过度关注自身会变得越来越紧张。而长时间的羞怯会使性格内向的人感到心理和体力上的疲惫。

羞怯是许多人人际交往中最大的心理障碍。正是因为羞怯，很多人不敢与领导交流，不敢与同事交往，不敢与客户联系。可以说，羞怯心理严重影响人们在职场上的发展。究其原因，羞怯

心理的产生是因为人们对安全感的过分追求。如果一个人担心自己被否定,内心又总是过于忧虑,就会产生不必要的羞怯。

要想让羞怯走开,我们应该进行以下心理训练。

(1)时刻在内心肯定自己。一个人不但要肯定自己的外貌,还要肯定自己的行为。

比如,一个女孩花了两个小时前去赴约,如果她在到达目的地时不停地在心里告诉自己:"我真是一个傻瓜,我为什么要来呢?人家一定会觉得我是一个白痴!"她就会表现出紧张、焦虑等不良情绪。

自我认同感的缺失会让一个人在焦虑不安中加深羞怯的心理。因此,我们需要时刻肯定自己。

(2)寻找一个性格外向的人作为自己的榜样。细心观察性格外向的人的言谈举止和接人待物的方式。要做到与人相处时泰然自若、活泼开朗,从模仿开始未尝不是一种有效的方法。模仿一段时间后,性格内向的人也能培养出性格外向者的气质。

一个人的性格虽然不可能完全改变,但经过长期努力,还是可以改善的。有的人是先天性格内向的人,经过后天的努力和修炼,他们同样可以拥有外向性格者的气质。而找一个性格外向的人做自己学习的榜样,学习他的言谈举止和为人处世的方式,是一个很不错的办法。

(3)深呼吸、放松。当产生紧张羞怯的情绪时,我们应该轻轻闭目，用腹部深呼吸几分钟。当然，如果在人群中不方便进行这样的练习，可以变换一下姿势，或者站起身去洗手间，以此来转移自己的注意力。

2. 激发你的演讲潜能

能够在众人面前大声讲话，可以与不熟悉的人侃侃而谈，是很多性格内向者所期盼的事。因此，激发"能言善辩"的潜能，对打破性格内向者的思维模式大有裨益。通过改变外在行为反过来去改变人的思维，可以说是一种有趣且有效的潜能开发。

20世纪初，美国著名心理学家詹姆斯经过长期研究发现：一个普通人只运用了其能力的10%，另外90%的潜能尚未被开发。我们可以由此得出结论，性格内向的人也可以变得能言善辩，也可以像性格外向的人一样具有侃侃而谈的能力。

参加会议或者听讲座的时候，你习惯坐在什么位置？A.前三排的中间位置；B.前三排的靠边位置；C.最后三排的任意位置。按A方式选座位的人，是比较外向的人；按B方式选座位的人，可能是性格外向的人，也可能是企图变成外向性格的性格内向者；按C方式选座位的人，80%是性格内向的人。

性格内向者要想打破思维桎梏，就一定要坐到前三排的中间位置去。很多人每次选座位的时候都会挑一个犄角旮旯，像

只小猫一样悄无声息地待在那里。其实这正是恐惧社交和逃避现实的表现。

此外，还可以试着与陌生人说话。我认识一位山东大姐，她曾经是一个非常内向的人。多年的内向性格让她无法更好地与人交流、与人相处。后来，这位山东大姐下定决心，一定要战胜自己的沟通障碍，便每天利用晨练的机会与陌生人主动说话。不仅如此，她还经常参加一些活动，一遇到上台互动或者主动发言的机会，她总是当仁不让。一段时间后，她终于打破了自己长期以来的心理和思维上的障碍，能够在众人面前自然平和、随意自信地发表自己的意见了。

3. 不要用自己的思维方式揣摩别人

正因为内向者有太多的时间用来思考，因此很多内向者喜欢用自己的思维方式去揣摩别人。比如，他们经常会将别人当成自己揣摩出的样子，而忽略别人真实的感受，忽视别人实际在干什么，忽视别人切实的需求，等等。有些内向者不喜欢与人过多地交流，认为如果与他人沟通太多就会惹人烦。其实这只是内向者自己的思维方式。大多时候，别人根本不会这么想。改变这种思维模式的方法是，试着了解别人的想法，然后做自己想做、同时别人不介意你去做的事。

"战拖"小贴士

内向性格者经常先想后说（做），在公众场合常常会感觉有压力。当内向性格者支配行动力的大脑因为思虑过多而处于矛盾和纠结中时，拖延便由此产生，并且相当严重。

当然，这并不代表外向性格者就不会拖延。心理学家们的分析结果是，性格外向与内向并无好坏之分。哪种性格都有可能造成拖延，只不过不同的性格给拖延提供的条件不一样而已。你应该做的就是完善性格，打造更加优秀的自己。

第50堂课
要有危机意识

"大鱼吃小鱼，小鱼吃虾米，虾米吃淤泥"，也许你很久以前就听说过这样的生存法则，但是你却充耳不闻，继续拖延，任凭世事变幻。要知道，你可不是一块石头，你的一生将短暂而又精彩。如果你继续拖延下去，再有希望的人生也会被铺满灰色。

走开，拖延症
年轻人都在用的自控力训练法

曾有一个实验，当实验员把青蛙扔进滚烫的水中时，它会因为巨大的痛苦而跳出水面，从而获得新的生机。但是，如果实验员把一只青蛙放在冷水中，然后再将冷水逐渐加热，青蛙满足于舒适的温度，惬意自得。但是，等到水温上升到一定的高度时，青蛙已经无力跳出水面，只能等待死亡的来临。

这是一个残忍的实验，没有人愿意做第二次。但青蛙用生命带给我们的启示却常常被人们忽略。因为几乎每个人都愿意享受安乐，免于忧患。但是现实是残酷的，如果一个人沉迷于安逸的生活，忽略了周遭环境的变化，也很容易像那只青蛙一样，死于安乐。

在非洲大草原上，每天都在上演着生存之战。羚羊每天早上醒来时，知道自己必须跑得比狮子更快，否则就会被狮子吃掉。狮子每天早上醒来时，知道自己必须追上跑得最慢的羚羊，否则就会被饿死。不管是狮子还是羚羊，当太阳升起时，当危机来临时，它们首先选择的就是奋力地奔跑。谁要是起晚了、拖延了，就很可能会被残酷的自然淘汰。

超强的危机意识让动物们在非洲大草原上生生不息，代代相传。一个人在生活和工作中有了危机意识，他的潜能也将被无限地激发出来。

1. 不要只看眼前，要有远见

美国潜能大师安东尼·罗宾在他的《唤醒心中的巨人》一书中说："人生就像一条河流，大多数人纵身一跃，根本没有事先想好自己真正要去的方向。

"他们只看到眼前的事情、眼前的恐惧和眼前的挑战，等漂到河中的分岔口，他们依然懵懵懂懂，不知道该何去何从。他们仅仅是'随波逐流'，成为被环境所左右的芸芸众生中的一员。

"最终，他们不再控制自己的人生，不再有自己的价值观，直到有一天被瀑布的轰隆声所震醒，才惊觉自己到了离尼亚加拉瀑布不及五尺远的地方，身在船中，手中无桨。

"这个时候悔恨为时已晚了，只能别无选择地被冲入深渊。这些深渊，有关于情感的，有关于健康的，也有关于财务的。如果能在上游及早做出正确的决定，这样的悲剧或许可以避免。"

没错，如果一个人有危机意识，他便能够在刚刚跳入河中时早做决定。这决定里包括未来的路、未来的方向，以及未来遇到困难时如何应对。没有意识，他就会忽略这些，认为一切都是安全的，等等再说吧。可是，事情一等，就被无限期地拖延了，等到人们意识到应该做决定时，却发现已经到了瀑布口，再无力挣扎。

目光短浅是很多年轻人的通病，正因为如此，大家只顾今天的享乐，不考虑未来会怎样。不珍惜时间，把时间大把大把

地浪费掉成了我们拖延的表现。

有一句话特别适合激励在工作中拖延的员工,那就是:"今天工作不努力,明天努力找工作。"如果你还在原地拖延着不做,请大声说出这句话,一直说到自己开始行动为止。记住,早早地完成工作比拖到最后再拼命突击更容易获得领导的认可。

2. 慎重对待决定,而不是随意做出决定

很多人没有危机意识,在安全的环境中不知道做决定,一旦遇到事情便容易轻率地做出决定。然而,这种随意做出的决定很可能是错误的,年轻人也会为此付出惨重的代价。因此,除了早做决定外,还要做好决定。随意做出的决定很可能不经大脑,肤浅而抓不住本质。

比如,我们突然决定帮助别人,但是在实行的过程中发现力不从心,于是我们便拖着不做,最后的结果就是诺言永远无法兑现。再比如,我们突然决定学一门技能,但是在接下来的日子里,我们发现自己根本不适合,于是,拖延再次产生,拖到最后又不得不放弃。因此,在做决定时你应该注意以下问题:

(1)请不要在自责内疚时做决定,因为此时的决定实行起来会力不从心。

(2)请不要在冲动时做决定,因为此时的决定很可能是错

误的,有可能给你造成不必要的损失。

(3)请不要在生气时做决定,因为人在愤怒时会变得具有攻击性,此时的决定容易给他人造成伤害,对事情本身反而没有什么帮助。

如果你的危机意识仍然不够强,请在电脑屏幕上方贴一张小纸条——"假如今天是我生命中的最后一天"。没错,昨天已经过去,未来还不确定,你唯一能把握的就是今天。高效认真地完成你的工作,积极快速地行动,这才是战胜拖延之道。我相信,你的坚持会让你迎来不久后的胜利。

"战拖"小贴士

> 很多人之所以拖延,就是因为大脑里没有"紧迫感"。而增强危机意识可以激发我们思想里的紧迫感。当一个人对外部环境产生危机意识时,就产生了来自内部的紧迫感。这种内在的动力和渴望会使人产生一种迫不及待的情绪,从而促使人立即行动。

测测你的自卑感

别以为你很了解自己,有时候你的自卑感很强烈,但是你并不知道!这个测试需要你根据自己的实际情况诚实回答,并选出答案。再根据评分标准算出最终的总分。在相应的分数范围内有对应的结果解释。

1. 你会无意间向别人炫耀自己的财产,尽管你知道这样做是不应该的( )

  A. 偶尔   B. 经常   C. 几乎不

2. 你认为一生中有太多的事情是自己想做的,在这个过程中总会遇到挫折和不顺( )

  A. 有时会有   B. 一直都有   C. 没那么严重

3. 相信每个人都不愿意被别人疏远,但是假如你遇到了这样的情况,你觉得自己会怎么办呢( )

  A. 感到非常烦躁和懊恼

第八章 减少内耗,拆除思维里的墙

B. 觉得不必为此担忧,会反思自己有哪些地方做得不够好,然后努力改进

C. 认为这不是自己的问题,然后不去多想,像以前一样平静地生活

4. 在货架前挑选商品时,你会一直选到自己满意为止吗( )

A. 经常　　　　B. 偶尔　　　　C. 几乎不

5. 你在售票处买票,但此时很多人都往前挤,而且不排队,你会怎么做呢( )

A. 先静静地观察,等待人群秩序井然后再排队买票

B. 反正都不排队,自己也不排队

C. 让他们挤去吧,自己站在一边,最后一个买

6. 在一个朋友的聚会中,发现自己身边都是陌生人,你会怎么做呢( )

A. 为了不让自己感到束缚,会尽量找熟悉的人交谈

B. 虽然大多数人都不认识,但是也会穿梭在会场里和各种人交谈,这样是为了能认识更多新朋友

C. 如果有陌生人前来交谈会很高兴,但是不会主动去交谈

7. 在生活或者家庭中应该和身边的人保持基本一致( )

A. 完全正确　　　B. 有点道理　　　C. 不对

8. 在换衣服时,你会觉得自己的身体很美,并且忍不住去

欣赏它吗（ ）

  A. 很少　　　　B. 经常　　　　C. 不会

9. 假如你被别人冷落了，你会感到不安吗（ ）

  A. 经常　　　　B. 几乎不　　　　C. 偶尔

10. 在参加某个活动时，团体中所有的人都是异性，你会怎样（ ）

  A. 泰然处之，完全不放在心上

  B. 感到非常拘束

  C. 有点不自在

11. 假如让你在聚餐或者朋友宴会时找一位异性坐在一起用餐或交谈，你会怎么做（ ）

  A. 找出最满意的一位，跟他（她）接近

  B. 跟身边任何一位都可以

  C. 有点不自在

12. 在公司会议上，就算你的见解和很多人不一样，你也会大胆地说出自己的观点，并且坚持到底，不会被旁人的意见左右吗（ ）

  A. 经常　　　　B. 偶尔　　　　C. 几乎不

13. 和一个人约会时，你是怎样决定下一步该去哪儿的（ ）

  A. 随对方的意思

  B. 由自己决定去处

C. 双方讨论决定

14. 有一件事情必须让你来做决定，而且是马上做决定，你会迟迟拿不定主意吗（　　）

　　A. 经常　　　　B. 偶尔　　　　C. 几乎不

15. 和别人交谈时，你会一直盯着对方的眼睛吗（　　）

　　A. 有时如此　　B. 经常如此　　C. 不会如此

16. 当只有你一个人时，你会让自己开心地笑起来吗（　　）

　　A. 有点不自然，但也会做

　　B. 不怎么会

　　C. 很容易做到

17. 一站起来就往前走，对你来说容易吗（　　）

　　A. 经常如此　　B. 有点困难　　C. 总要待一会儿

18. 多人聚餐时，你会略显不安地不停摆弄自己的手机吗（　　）

　　A. 经常　　　　B. 偶尔　　　　C. 几乎不

19. 在进入一个公共场合时，不知什么原因大家都把目光聚焦在了你身上，这时你会变得非常不安或惶恐吗（　　）

　　A. 完全不会　　B. 经常这样　　C. 偶尔如此

20. 假如你对当前的环境和现状不满意，你会怎么做（　　）

　　A. 努力改变现状

　　B. 暂且容忍，想着一切都能顺利解决

C. 马上往其他方向前进

21. 你想完成一件事,还没有做就发现自己遇到了困难,你会怎么做呢(　)

A. 先从容易完成的那一部分做起

B. 认为困难不小,觉得不做也没什么关系

C. 绝不死心,力求用各种方法把任务完成

22. 你和一个朋友合作一件事,但是你却发现他是在利用你,甚至不惜把你作为牺牲品以换取那件事的成功,你会怎么做(　)

A. 绝对不容忍　　B. 放任他　　C. 偶尔会默认

23. 对于自己的决定,你会非常有信心吗(　)

A. 偶尔　　　B. 几乎不　　C. 经常

24. 你虽然很不愿意,但是仍然会被某件事诱惑而无法自制吗(　)

A. 偶尔　　　B. 几乎不　　C. 经常

25. 有时候,你试着做一件事,却遭遇了挫折,这时你会怎么样(　)

A. 心情暂时会变坏,不过以后会向其他方向转化

B. 自己安慰自己,要战胜所有的事物是不可能的

C. 喘一口气后再接受挑战

第八章 减少内耗，拆除思维里的墙

26. 在走过一面镜子时，你会停下来看看自己在镜子里的倩影吗（　）

A. 经常　　　　B. 偶尔　　　　C. 几乎不

27. 和一帮朋友外出活动，你希望大家听从你的指挥吗（　）

A. 几乎不　　　B. 偶尔　　　　C. 经常

28. 你觉得命运不公平，而自己也只是当一天和尚撞一天钟吗（　）

A. 偶尔　　　　B. 经常这么想　　C. 一点儿也不

29. 你想完成某项任务，你首先会怎么想呢（　）

A. 别人的支持不是最重要的，重要的是要立即采取行动，马上去做

B. 尽自己应尽的义务去做，但是如果有人支援自己就更好了

C. 一旦受到别人的鼓舞，外部条件又不算差时，便会去做

30. 在你看来，成功最主要的因素是什么（　）

A. 人际关系

B. 个人的才能和独创性

C. 时运和境遇

31. 有些人会对未知的事感到恐惧，但是你会对未知的一些事感到兴奋（　）

A. 经常　　　　B. 几乎少　　　C. 偶尔

32. 今日事今日毕，但是你会把今天的事拖到明天去做（　）

A. 经常如此　　　B. 偶尔　　　C. 几乎不

33. 你现在在工作中遇到了挫折和不顺，你把这归咎于你自身（　）

A. 从来不会　　　B. 有时会　　　C. 的确如此

34. 你认为自己是个内向的、沉默的人吗（　）

A. 完全不是　　　B. 就是如此　　　C. 有这种倾向

35. 在你的朋友中，很多人与你的个性相同吗（　）

A. 大部分相同　　　B. 完全相同　　　C. 多少有些相同

36. 参加大型的活动或者重要的会议时，到场的会有很多人注意到或记得你吗（　）

A. 偶尔　　　B. 几乎没有　　　C. 经常

37. 你认为以下哪一项评语最符合你的真实情况（　）

A. 还算是有成就的人

B. 成功的人

C. 不怎么样成功的人

38. 你犯了一个错误，给身边的人带来了不愉快或给他们出了一个难题，接下来你会怎么做呢（　）

A. 因为害怕大家的指责，马上想出一套圆滑的说辞替自己

第八章 减少内耗，拆除思维里的墙

辩解

B.表明那是自己的错，然后承担所有的责任，并且尽最大的努力去处理问题

C.试着挽救，但是同时也会为自己做最有力的辩解

39.有些事情是你不熟悉的，有些工作是你不擅长的，但是有人建议你快乐地去尝试接触，你愿意那样做吗（　　）

A.很难　　　　B.偶尔　　　　C.可以

40.签于目前你的职业和在公司里的地位，你会担心被取代或者被淘汰吗（　　）

A.有点担心　　B.完全不担心　　C.提心吊胆

评分标准：

	A	B	C		A	B	C
1.	2	1	3	8.	2	3	1
2.	2	1	3	9.	1	3	2
3.	1	2	3	10.	3	1	2
4.	3	2	1	11.	3	1	2
5.	2	3	1	12.	3	2	1
6.	1	3	2	13.	1	3	2
7.	1	2	3	14.	1	2	3

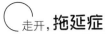

	A	B	C		A	B	C
15.	2	3	1	28.	2	1	3
16.	2	1	3	29.	3	1	2
17.	3	1	2	30.	2	3	1
18.	1	2	3	31.	3	1	2
19.	3	1	2	32.	1	2	3
20.	2	1	3	33.	1	2	3
21.	2	1	3	34.	3	1	2
22.	3	1	2	35.	2	3	1
23.	2	1	3	36.	2	1	3
24.	2	3	1	37.	2	3	1
25.	2	1	3	38.	1	3	2
26.	3	2	1	39.	1	2	3
27.	1	2	3	40.	2	3	1

好了，请根据评分标准算出你所得的分数，不要偷懒哟！

参考结果：

100~120分：恭喜你，你对自己的才能和外表都充满了自信。你不仅是个自信的人，还是一个乐天派！在平时的生活和工作中，情况无论多么糟糕都很难让你的自卑感冒出来。如

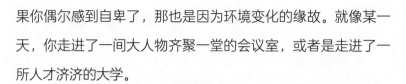

果你偶尔感到自卑了,那也是因为环境变化的缘故。就像某一天,你走进了一间大人物齐聚一堂的会议室,或者是走进了一所人才济济的大学。

80~100分:值得注意的是,你的理想总是太大了。对于现状你是不满足的,你目前所追求的理想其实是一种不切实际的幻想。你其实已经陷入自卑中,因为你开始过于计较,过于追求虚荣的东西。你需要调整自己的心态,好好反思一下。现在一切都还不是那么糟糕。

60~80分:你是一个比较自卑的人。很多事情还没有做,你就已经开始认为自己不行。也许你很优秀,但是你总是搞不清楚其他人的状况,处于盲目状态。所以你的自卑来源于你对自己的不自知。如果你能更清楚地看到自己的长处,也许你会做得更好。加油!

40~60分:你很可能是一个喜欢用消极的眼光看待事物的人。显然,这与你大脑里极度的自卑感有关。你对自己的外表和能力都缺乏自信,你很容易把精力集中在自己的缺点上。很多时候,在开始行动之前你就已经否定了自己。因此,你的拖延也会比别人更加严重,因为你做事一点儿信心都没有。自卑心理正是令你难以成功的原因之一。

时间计划
DATE

时间	
6:00	
7:00	
8:00	
9:00	
10:00	
11:00	
12:00	
13:00	
14:00	
15:00	
16:00	
17:00	
18:00	
19:00	
20:00	
21:00	
22:00	
23:00	

太阳	雷电	晴天	多云	雨天
☐	☐	☐	☐	☐

SUN MON TUE WED THU FRI SAT

任务列表 TO DO LIST

- ☐
- ☐
- ☐
- ☐
- ☐
- ☐
- ☐

重要事项 IMPORTANT ITEMS

备忘录 MEMO

时间计划
DATE

时间	
6:00	
7:00	
8:00	
9:00	
10:00	
11:00	
12:00	
13:00	
14:00	
15:00	
16:00	
17:00	
18:00	
19:00	
20:00	
21:00	
22:00	
23:00	

太阳　雷电　晴天　多云　雨天

SUN MON TUE WED THU FRI SAT

任务列表 TO DO LIST

☐
☐
☐
☐
☐
☐
☐

重要事项 IMPORTANT ITEMS

备忘录 MEMO